川普2.0時代

全球貿易戰、霸權競爭、地緣衝突，
如何在經濟動盪的亂局中找到機會？

트럼프 2.0 시대 : 글로벌 대격변 시작된다

朴鐘勳（Jong-Hoon Park）◎著
金學民、顏崇安◎譯

Contents

序言	致中文版讀者	007
序言	為什麼媒體再次錯誤預測大選結果？	011

第一章　政策：川普 2.0 時代將帶來的風暴

01 川普將變得更強大	023
02 為什麼有一半的美國人支持川普？	029
03 史上最強的美國優先主義	039
04 即將撼動國際貿易秩序， 川普 2.0 時代的光明面和黑暗面	049
05 激烈的美中霸權競爭將至	063
06 低物價和低利率時代是否會到來？	069
07 經濟將面臨嚴峻挑戰	083

第二章　國際：武裝衝突將進一步加劇

01 台灣有可能會在七年內被入侵　　　　095
02 中國無法攻打台灣的致命弱點　　　　105
03 中國是否能不動用武力就占領台灣？　119
04 美國和中國，誰將奪得海上霸權？　　125
05 歐洲，俄烏戰爭的另一個輸家　　　　139
06 中東的戰火會不會越演越烈？　　　　149

第三章　經濟：史上最富足的時代正在動搖

01 富裕的歐洲，為何走向貧窮？　　　　　　165
02 英國因貧窮引起的大規模暴動　　　　　　175
03 中國能透過「輸出貧窮」成功克服危機嗎？187
04 日本試圖引發通貨膨脹，結果卻變得貧窮　201

Contents

第四章　社會：從韓國發展現狀思考未來之路

01 最嚴重的能源危機	215
02 有史以來最高的國債	229
03 持續上漲的房價	237
04 選擇「躺平」的年輕人	247
05 復甦之路在哪裡？	257

序言
致中文版讀者

隨著川普 2.0 時代到來，全球經濟和地緣政治格局陷入動盪，尤其在美中霸權競爭越演越烈的情況下，全球經濟秩序很可能發生巨變，而台灣因為獨特的地緣政治位置，未來將面臨各種風險與機會。

然而，由於台灣的重要性，無論美國、中國還是其他國家，都無法忽視台灣。台灣在人工智慧（AI）產業價值鏈中扮演著最關鍵的角色。無論美國的輝達設計得再好，只要沒有台灣的台積電，就無法製造出精密的半導體晶片。在邊緣 AI（Edge AI）晶片的設計和製造方面，台灣也占有一席之地。甚至在物聯網與 AI 相結合的人工智慧物聯網（AIoT）生態系統中，台灣也占據著重要地位。

不僅如此，台灣位於東亞航線交匯之處，是全球物流網路的重要樞紐。台灣海峽是連接亞洲、北美洲和歐洲的主要海上貿易通道，全球有一半的貨櫃船皆會經過此處。美國和中國對台灣高度關注，也證明了台灣有多重要。

這樣的地緣政治重要性會帶來風險還是機會，將完全取決於台灣的戰略和外交實力。在川普 2.0 時代越演越烈的霸權競爭中，台灣有可能成為美中經貿戰的戰場，也有可能反過來利用經濟和地緣政治資產，實現飛速發展。

第一次世界大戰時的荷蘭就是值得參考的極佳例子。荷蘭被德國、英國、法國等強國環繞，要是被捲入戰爭，很有可能整個國家都成為戰場。由於荷蘭是貿易和物流中心，當時德國試圖透過荷蘭獲取關鍵物資，英國則試圖封鎖這個通道。

在這種岌岌可危的情況下，荷蘭選擇利用其獨特的地緣政治地位，成為對英國和德國皆不可或缺

的存在。結果，雖然被第一次世界大戰參戰國環繞，荷蘭不但沒有成為強國的戰場，就連邊境都沒有受到侵犯。也因為如此，第一次世界大戰結束後，荷蘭以最快的速度實現經濟復甦，享受了繁榮。

荷蘭能享受和平與繁榮，不只是因為宣布中立。當時，荷蘭預測未來可能會發生軍事衝突，從1913年就開始大幅擴充軍備。荷蘭還在能加以利用的鹿特丹、阿姆斯特丹等主要港口建立要塞，並大幅增強海軍力量。1914年戰爭爆發時，荷蘭立刻在邊境部署20萬兵力，徹底嚴防突襲。考慮到當時荷蘭人口大約只有650萬人，幾乎是動員了所有兵力。

川普2.0時代展開的美中霸權競爭不太可能立即升級為武裝衝突，然而即使只展開經濟和貿易戰，也可能演變成接近第一次世界大戰的極端對立局面。在這種情況下，成為美中經濟霸權競爭戰場的國家，必然會遭受嚴重的經濟損失。從這個角度來看，台灣和韓國將在川普2.0時代面臨嚴峻的挑戰。

在這種情況下，正確理解川普 2.0 時代比什麼都重要。我們必須特別注意，川普第二任期與第一任期截然不同，有別於未能完全掌控政府的第一任期，掌控了行政、立法和司法的「超級川普」時代已經揭開了序幕，而且川普政府應對中國的戰略，無論是關稅、匯率、貿易政策，還是軍備競賽的準備，都有了全新的布局和態勢。

本書深入分析川普 2.0 時代美國的全球戰略將發生什麼變化。希望本書能成為有用的指南，幫助讀者在世界舞臺上以新的視角看待台灣的未來，並為即將到來的挑戰做好準備。哪怕只是一點也好，如果本書能在各位就台灣的持續繁榮和穩定進行討論時做出貢獻，我將感到非常高興。

2025 年 1 月 20 日　朴鐘勳

序言
為什麼媒體再次錯誤預測大選結果？

　　2024年11月，唐納・川普（Donald Trump）當選為第47屆美國總統。自喬・拜登（Joe Biden）退出美國總統大選後，韓國絕大多數媒體都不斷在競選活動期間報導賀錦麗（Kamala Harris）占上風，就連在大選前夕都預測川普將在賀錦麗領先的情況下追擊賀錦麗，但最終卻是川普贏得了大選。這與2016年美國總統大選時的情景極為相似，當時各大媒體紛紛充滿自信地表示希拉蕊・柯林頓（Hillary Clinton）將會勝選，然而最終當選的卻是川普，令媒體感到震驚又錯愕。到底為什麼會一再發生這種事呢？

　　理由很簡單。在美國，媒體的意識形態兩極分

化相當嚴重，民意調查結果會根據民調機構出現很大的差異，因此我們必須考慮到各家媒體可能會有政治偏袒（Political Bias）行為，並判斷哪些民調結果最客觀、準確。民調結果根據民調機構出現差異的現象稱為「機構效應」（House Effect），如果在開始民調前先揭露委託民調的是哪家媒體，那不同陣營的支持者很有可能會拒絕參與民調，因此最近有很多民調不會揭露委託機構。即便如此，媒體其實只要靠一道問題，就能讓民調結果翻盤，因此目前還是有很多機構效應影響民調結果的情況。

　　例如，只要在進行民調時問受訪者「您怎麼看川普表示有移民吃貓狗這件事」，川普的支持者更有可能會掛掉電話，這些受訪者通常會因為沒有回答完所有問題，而被排除在樣本之外。實際上，哥倫比亞廣播公司（CBS）在 2024 年 9 月 20 日進行民調時問的 59 個問題中，第 46 個問題就提到了川普的吃貓狗說。如果是川普的忠實支持者，很有可

能會在被問到這個問題時掛掉電話，並且因為沒有回答剩下的 14 個問題而被排除在樣本之外。這種機構效應可能會導致整個民調的受訪群體產生無法透過統計方式修正的偏差，使得最終的民調結果失去公正性和準確性。

但每當美國國家廣播公司（NBC）、美國廣播公司（ABC）等美媒報導幾乎可以說是公開支持賀錦麗的民調結果時，韓國媒體都會跟著大肆報導，聲稱賀錦麗的支持率壓倒性地勝過川普，因此有很多韓國人以為真的是賀錦麗領先。但早在 2016 年和 2020 年，NBC、ABC 等傳統媒體的大選預測，就已經有了相當大的誤差。最具代表性的例子就是 NBC。在 2016 年 10 月 13 日，也就是總統大選一個月前，NBC 所發布的民調表示，希拉蕊在一份民調中領先川普 11 個百分點，但最後勝選的是川普，NBC 因此丟盡了顏面。其實，除了 NBC，ABC 當時也報導希拉蕊領先 4 個百分點，並預測應該會由

希拉蕊勝選。

這些在 2016 年出醜的大型媒體，在 2020 年總統大選之際，聲稱已經全面改善民調系統，這次的預測結果將有別於過去。然而，民調結果的平均誤差反而增加了兩倍。2020 年大選前夕，ABC 公布其民調結果顯示拜登領先川普 10.8 個百分點，《紐約時報》也預測拜登將領先 9.8 個百分點，但拜登最終只有以 4.5 個百分點的差距在大選中獲勝。雖然勝選的是拜登，但誤差仍然過大。

2020 年，總統大選預測最準確的是那些沒有涉及大型媒體、機構效應較弱的專業民調機構。例如，2020 年總統大選時，以政治偏袒小而聞名的民調機構 AtlasIntel 公布了拜登領先 6.5 個百分點的民調結果，而拜登實際上以 4.5 個百分點的差距贏得了大選，當年 AtlasIntel 的預測最接近實際結果。儘管有很多方法可以減少誤差，傳統媒體在過去兩次大選民調預測失敗後，仍為了讓自己支持的賀錦麗當選

而不去修正誤差。

還有一個問題是，這些傳統媒體無視了美國總統大選採取「選舉人團」間接選舉的特性，只一再地報導了全國支持率。

2016 年美國總統大選時，希拉蕊的普選票數領先川普約 2.1 個百分點，但由於選舉人票數大幅落後，希拉蕊在關鍵搖擺州失利，最終在大選中敗選。就算我們真的相信賀錦麗領先 4～5 個百分點的民調結果，當時川普和賀錦麗在爭奪選舉人票方面可是展開了不相上下的對決。

但是韓國媒體總會在報導時強調全國支持率，有很多韓國人都以為賀錦麗壓倒性地領先川普。如果韓國媒體以賓夕法尼亞州、威斯康辛州、密西根州、喬治亞州等搖擺州的選情為主進行報導，那韓國人也許就能做出不同的判斷。然而，大部分的韓國媒體根本就沒有付出這方面的努力。

我能夠理解美國媒體會出於政治利益的考量，

為了讓自己支持的候選人當選,而利用從眾效應（Bandwagon Effect）,也就是利用大眾會跟從多數人思想的心理,做出許多會讓人以為賀錦麗持續領先的報導。但是我實在無法理解,韓國媒體明明就沒有投票權,也無法透過報導對美國總統大選造成任何影響,卻像在聲援自己人一樣,大肆報導賀錦麗占據優勢。

媒體這時該做的,是客觀報導事實,讓韓國民眾能更準確地了解實際情況,幫助民眾預測大選結果會對韓國產生哪些影響並制定應對方案,而不是盲目地聲援自己支持的候選人、誤導民眾。

我之所以會說這點非常重要,是因為韓國和日本在大選之前對美國採取了不同的態度。日本早就料到川普可能會當選,因此在 2024 年 4 月,時任自民黨副總裁麻生太郎會見川普後,就持續與川普建立關係。

韓國雖然曾私下接觸川普,卻沒有像麻生太郎

的高層官員直接與川普會面。這可能會導致平時喜歡炫耀的川普覺得韓國沒有日本友好。如今，川普已經當選總統，無論韓國再怎麼與川普會面，川普對韓國的態度當然會和對從4月起就與其建立牢固關係的日本不同。

川普的態度其實早已在競選演說中顯現了出來。2024年9月，川普表示他將讓所有製造業強國的製造業都轉移到美國，來增加美國的工作機會，他當時提到了韓國、德國和中國，卻沒有提到同為製造業強國的日本。

這場演說包含著驚人的變化。川普在第一任期時，只要一有機會就會抨擊美日貿易失衡和日本對美國出口汽車的問題，並要求提高駐日美軍的駐留經費、持續向日本施壓。根據美國經濟分析局（BEA）公布的數據，2023年日本對美國的貿易順差為712億美元、韓國對美國的貿易順差為514億美元，考慮到這一點，川普應該會對日本施加更多

壓力，但在 2024 年競選期間，日本卻沒有被美國列為遏制對象。可見日本在預判川普可能勝選後，事先加強了多少遊說活動。

如果媒體對美國總統大選形勢的判斷出現誤差，不僅會影響國際關係，還可能對經濟與產業帶來嚴重衝擊。無論是川普還是賀錦麗當選，都將對韓國的電池、電動車、半導體等產業產生巨大影響。特別是美國的能源政策變化，將直接衝擊韓國石油化學產業的未來。此外，韓國的國防與安全問題也將受到影響，不僅有可能使財政赤字問題加劇，也可能為軍工產業的發展帶來巨大變數。

對個人投資者而言，美國總統大選結果將直接影響科技巨頭的股價，甚至會波及美國的利率、美元價值，以及韓元對美元的匯率等廣泛的金融市場。如果在分析如此重要的大選走向時，媒體或機構摻雜個人價值觀或主觀看法，導致報導失去客觀性，最終不僅會讓政府與企業誤判局勢，也會使個人投

資者陷入巨大混亂。

　　有別於眾多韓國媒體的預測和期望，川普成為了美國總統。但現在可不是感到震驚或錯愕的時候。雖然晚了一步，我們仍該正確掌握川普的政策方向和其真實意圖，並準備好對策，才能在接下來為期四年的川普 2.0 時代存活下來。對韓國來說，與賀錦麗相比，川普總統在許多方面對韓國都更加不利，但只要我們進行準確的分析並做好準備，也許就能化「川普風險」為「川普機會」。因此，本書將重點放在分析川普的真實意圖上，而非川普所說的話。本書還重點分析了川普政策的蝴蝶效應將如何演變成風暴，會對哪些方面造成衝擊，而這當中又蘊藏著哪些機會。

　　有一點我想提醒各位。那就是本書是我在 2024 年 8 月韓國媒體正在大肆讚揚賀錦麗時開始提筆，並在大選開始前就寫完的書。我當時在進行客觀的分析後，非常確信川普會勝選。因此，考慮到本書

的出版日期,我在說明川普當選總統和在那之前的競選情況時皆使用了過去式。真心希望本書能幫助讀者正確了解川普 2.0 時代,並將這個時代視為新的機會,而非單純的危機。

2024 年 10 月 14 日
寫於首爾市論峴洞書齋

第一章

政策：川普 2.0 時代將帶來的風暴

01 川普將變得更強大

在2024年美國總統大選中勝選的川普，已不再是2016年的川普。2016年時，川普僅當選為總統，並沒有強大的權力，因為他當時在共和黨內的政治基礎非常薄弱。當時，米特・羅姆尼（Mitt Romney）、約翰・馬侃（John McCain）、林賽・葛瑞姆（Lindsey Graham）等許多共和黨重量級議員都公開反對甚至拒絕支持川普。除此之外，共和黨的重要人物也不願意擔任川普政府的高層職務。

事實上，川普推動的政策與傳統的共和黨路線

截然不同,因此經常發生衝突。傳統共和黨基本上對移民採取相當寬鬆的政策,但在歷任美國總統中,川普推行了最強硬的反移民政策;共和黨向來支持自由貿易、反對關稅,川普卻主張高關稅政策,導致川普與共和黨領導層衝突頻發。

政府部門對川普的抵制也非常強烈。前國務卿雷克斯・提勒森(Rex Tillerson)、前國防部長詹姆士・馬提斯(James Mattis)、前國家安全顧問 H・R・麥馬斯特(H. R. McMaster)等關鍵人物都不斷與川普發生意見衝突,最終被解職或辭去了職務。麥馬斯特甚至在其出版的回憶錄中爆料,川普曾表示要直接轟炸墨西哥的毒品實驗室,以解決美國的毒品問題。如果美國直接轟炸墨西哥領土,可能會引發嚴重的外交問題。幸好在幕僚的勸阻下,川普並未真的付諸行動。

像這樣,川普第一任期時共和黨和政府不斷反對川普,導致川普無法自由地推動國家事務。除此

之外，在任內最後兩年，民主黨奪走了眾議院的控制權，受到民主黨強烈的牽制，川普難以堅持自己的政策。美國眾議院擁有強大的稅收權力，幾乎等於擁有政府的預算權，因此川普的施政受到了極大限制。

但川普在第二任期開始時所處的情況，與第一任期時截然不同。如今，川普已經完全掌控了共和黨。川普的兒媳婦拉拉·川普（Lara Trump）當選為負責決定共和黨戰略方向的共和黨全國委員會共同主席。2024 年，共和黨黨綱如實反映了川普的願景。此外，川普支持的候選人中，有 96％ 的候選人贏得了初選，使川普支持者組成的派系「MAGA 小隊」（Make America Great Again Squad）勢力大幅增加。因此，我們稱川普的第二任期「2.0 時代」為「超級川普時代」也不為過。現在的川普已獲得能夠在經濟、貿易、外交、移民和環境政策上推行川普主義的權力。

此外，川普與其他第一任期的總統不同，他不需要為了連任而顧及民意。美國總統第一任期的最大目標通常是連任，因此他們不得不顧及民意、無法推行自己的政治主張。他們都會等到成功連任後，才開始果斷且全面地推行自己的政治理念。川普這次的任期具有連任性質，因此要是我們將川普 2.0 時代視為一般美國總統的第一任期，很有可能會遭受巨大損失。

在川普 2.0 時代，我們絕對不能斷言「作為全球領導者，美國總統應該不至於會做出哪些事」。任何諸如此類的想法，都很有可能會被打破。川普可能會擾亂全球貿易秩序和北約等盟國的國家安全。如果川普堅持履行減稅、關稅政策等核心承諾，那好不容易平息的通貨膨脹可能會再次爆發。最大的問題是，川普將會強力推行美國優先主義。然而，由於大多數國家的經濟已經惡化到最糟糕的程度，因此不可能乖乖答應川普的要求。各國當前的經濟

情況並不允許按照川普的要求讓出本國市場或在美國設廠，川普要是在這種情況下堅持極端的本國優先主義，那可能會引發盟友的強烈反對。

如果其他國家為了對抗美國而紛紛推行本國優先主義，那現有的全球供應鏈將會受到威脅，這甚至有可能會導致反全球化或去全球化浪潮變得更加猛烈。過去四十年來，我們以相對緩慢的速度實現了全球化，但在川普的四年任期內將會快速去全球化。為了在這波去全球化浪潮中存活下來並邁向下一個時代，我們應該正確理解川普 2.0 時代可能對世界造成的動盪。因此，第一章將仔細分析川普 2.0 時代究竟會為全球經濟秩序帶來什麼樣的風暴，並探討我們該如何為即將改變的時代做好準備。

02 為什麼有一半的美國人支持川普？

很多韓國人都認為川普是個言論極端、不按牌理出牌的危險人物，再加上川普曾威脅將實施對韓國不利的政策，不少韓國人對他感到反感。但值得我們注意的是，川普明明看起來是個奇特的人，卻俘獲了美國人的心，兩度當選總統。儘管川普不像一般的政治家，常常會口無遮攔，又會制定一些獨特的政策，但還是有一半的美國民眾都支持他，甚至有不少美國人為他瘋狂。我們必須先了解美國人到底為什麼會對川普如此狂熱，才能準確預測美國

今後的政治格局和經濟體系將發生什麼變化。

美國是世界第一大經濟體,並且一直都在快速發展,宛如一頭全力奔跑的巨象。但美國人的生活得到改善的速度並沒有跟上美國經濟成長的速度。美國明明持續高度成長,但 1970 年代初至 1990 年代初,美國人的實質薪資不升反降。雖然 1990 年代後期起有所提升,但美國人的實質薪資一直到 2024 年才勉強恢復至 1970 年代初的水準。

美國平均每工時實質薪資

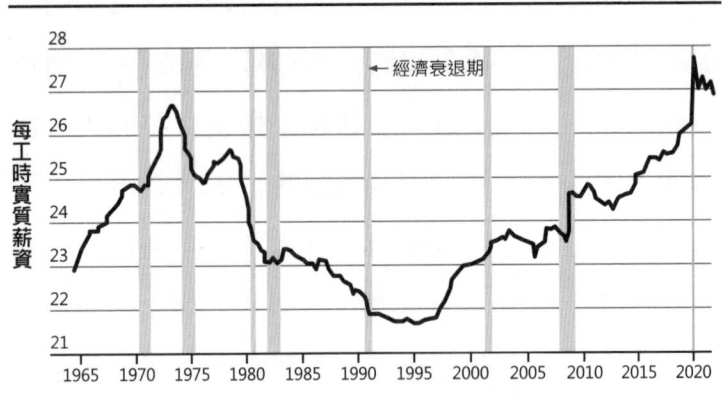

資料來源:聖路易聯邦準備銀行

美國明明發展快速,實質薪資卻和五十年前一樣,這真的很奇怪。由於收入完全沒有增加,美國中產階級開始感到憤怒,甚至進一步質疑為什麼只有自己越來越窮。那麼,美國的中產階級究竟是如何維持收入的呢?這其中隱藏著「雙薪的陷阱」。根據美國參議員伊莉莎白・華倫(Elizabeth Warren)的著作《雙薪的陷阱》(*The Two-Income Trap*),美國之所以能在薪資持續減少的時期維持家庭收入,是因為雙薪家庭的出現。在 1960 年代,美國的雙薪家庭相當少,一家四口中只要一個人工作就能養家糊口。但現在,家庭成員中必須要有兩、三個人工作才能享受以前的富饒生活。也就是說,美國其實已經陷入了雙薪的陷阱。

　　美國人收入減少最多的時期為 1970 年代後期至 1980 年代初。當時美國人的收入就像自由落體般直線下降。1970 年代後期(卡特總統時期),美國的通貨膨脹率一度飆升至 14.8％。由於薪資調漲速

度跟不上物價飛漲速度，實質薪資開始大幅下滑。1981 年，雷根（Ronald Reagan）就任後，情況進一步惡化。美國勞工雖然要求調高薪資以因應物價飆漲，但美國政府當時實施了強硬的勞工政策並放寬對企業的限制，因此嚴重抑制了薪資成長。雖然有不少人評價雷根強硬的勞工政策帶動了美國經濟復甦，但在這個過程中，中產階級和勞工做出了巨大的犧牲。

而在那之後的老布希（George H. W. Bush）總統時期，美國經濟更是顯著惡化，直到比爾·柯林頓（Bill Clinton）當選總統後，美國經濟才再次恢復了活力。問題是，柯林頓當時是透過讓中國加入世界貿易組織（WTO）重振了美國經濟。雖然美國企業透過將生產基地轉移到中國，實現了利潤最大化，但由於工廠大量轉移到中國，美國的製造業勞工變得無論有多豐富的經驗，都只能從事薪資不會調漲的劣質工作。與此同時，中國廉價製造業產品

如潮水般湧入美國，工業產品價格開始下降，造成了實質薪資看似回升的假象。

這使美國的製造業基礎開始急速崩潰。中國製造的廉價產品使中產階級的生活看似得到好轉，但由於只剩下劣質工作，中產階級陷入生活變得更加艱難的惡性循環。這也就是為什麼美國的中產階級，特別是被稱為「鐵鏽帶勞工」的製造業勞工，會對柯林頓和民主黨感到憤怒。鐵鏽帶勞工原本大力支持民主黨，但被信任的人背叛總會感到更心痛，不少中產階級深深覺得自己被民主黨背叛，逐漸轉而支持川普。

除此之外，美國民主黨對合法移民和非法移民都實施了非常寬鬆的政策。例如，由民主黨籍州長執政的加利福尼亞州，從 2024 年起為所有年齡層的非法移民提供聯邦醫療補助（Medicaid）。在美國，仍然有許多中產階級負擔不起醫療保險，但是加州卻為所有非法移民提供免費醫療保健服務，這讓按

時繳稅的美國中產階級相當不滿。

　　川普一直以來都對非法移民採取強硬的政策，因此有很多人以為共和黨原本就很堅決地阻止非法移民。但在川普上臺之前，共和黨也曾推出各種支援非法移民的政策。由於許多非法移民的親屬已經取得了公民身分，而且無論是合法移民還是非法移民，想降低勞動成本的企業都希望有更多移民移居美國，因此對企業友好的共和黨推出過不少支援非法移民的政策。德克薩斯州就是一個代表性的例子，自1995年起由共和黨執政三十年的德州曾經推出允許非法移民子女與德州州民繳納相同州立大學學費的政策。

　　但川普上任後，共和黨對非法移民的態度轉為強硬。以佛羅里達州為例，其過去為非法移民提供州立大學學費補助和各種醫療補助，但在支持川普的迪尚特（Ron DeSantis）就任州長後，大幅削減甚至取消了非法移民的各種福利。德州的態度更為強

硬,其不僅在邊境築牆,還通過了一項法案,規定醫院必須在治療病患之前確認病人的身分。現在的共和黨儼然已成為反難民政黨。

正是美國這樣的社會和經濟狀況,造就了川普的高人氣。這個說法絕非誇張。為了得到在美國經濟成長過程中被邊緣化的中產階級的心,川普積極地將中國作為政治手段,宣布將與中國展開貿易戰,成功引起中產階級關注與支持,並且進一步透過反非法移民,來取得更高的支持率。2024年9月,在與賀錦麗展開的總統大選辯論中,川普發表了「非法移民吃貓狗」的言論。對此,許多韓國媒體都報導川普的這番言論十分荒謬。但這其實很有可能只是川普為了擄獲內心厭惡非法移民卻無法說出口的美國中產階級的心,而在精心策劃後所發表的言論。

實際上,川普第一任期時(2017年～2020年),美國非法移民大幅減少。後來,隨著拜登政府上臺,非法移民又開始激增。非法移民即非法越境者,因

此很難取得準確的統計數據,但有非官方統計數據顯示,2020年美國非法移民減少為20萬至30萬人,2023年卻超過了300萬人。川普就此猛烈抨擊了前總統拜登,雖然拜登試圖否認,但2024年4月美國聯準會主席鮑爾(Jerome Powell)在美國國會作證時表示,美國2023年的經濟成長得益於大批意外湧入的移民,等於間接證實了這件事。

非法移民人數必然會對中產階級以下的勞動薪資產生重大影響。有不少人認為2023年300多萬名非法移民趁著拜登政府的邊境管制出現漏洞時湧入美國,導致2024年薪資上漲率開始下降。隨著非法移民大量湧入,美國人不僅越來越擔心自己的工作會受到威脅、薪資可能被削減,還覺得治安因而變差。這導致不同種族對川普和賀錦麗的支持率出現了巨大差異。

2020年大選時進行的一份出口民調顯示,有58%的白人選民、12%的黑人選民和32%的西班牙

裔選民支持川普，白人的支持率相當高。白人的支持率之所以相當重要，是因為目前的美國人口中，白人占62%、西班牙裔占21%、黑人占12%。值得注意的是，由於很多西班牙裔為非法移民、沒有投票權，因此登記選民中白人占70%、黑人占12%、西班牙裔僅占10%。

也因為如此，川普陣營曾公開表示白人受到了「逆向歧視」，並將推動反歧視白人的法案。提到種族歧視時，通常都會想到有色人種被歧視，但川普表示白人正在遭受逆向歧視。他認為，為了提供少數種族機會，大學和職場實施配額制是對白人的逆向歧視。其實，白人對這種逆向歧視有很多不滿，卻礙於社會目光無法說出口。川普說出了他們的心聲，因此得到了許多支持，最終在2024年的大選中取得勝利。

為什麼我們都不知道川普有如此高的人氣呢？那是因為美國的傳統媒體只發表對賀錦麗有利的報

導，大肆宣傳賀錦麗領先川普，導致美國的中產階級白人開始忌諱提及自己是否支持川普。不過，在進入新媒體時代後，電視、報紙等傳統媒體幾乎失去了影響力。川普的支持者並不在乎傳統媒體，而且都是利用 X、Instagram、TikTok 和 YouTube 交換資訊，因此就算被傳統媒體砲轟，川普的支持率也沒有下降。

03 史上最強的美國優先主義

　　川普相當厭惡多國共同尋求方法以解決國際問題的多邊外交，因為他很難在多邊舞臺運用他擅長的談判策略「邊緣策略」（Brinkmanship）來動搖對方，以達到自己的目的。此外，如果川普在眾多國家參與的多邊舞臺提出美國優先政策，勢必會受到其他國家攻擊。為了避免這種不利的局面，川普曾在第一任期時不顧國內外的反對聲浪，宣布退出《巴黎協定》和世界衛生組織（WHO），採取了打破常規的外交政策。

2018 年，川普甚至多次威脅盟國，美國將退出由美國主導的北大西洋公約組織（NATO）。時任川普核心幕僚的前國家安全顧問約翰·波頓（John Bolton）曾表示，川普會抱怨北約盟國國防開支太少，並不是為了以威脅性言論增加對北約的談判籌碼，而是真的為了脫離北約做了事前準備工作。據說，2018 年北約峰會期間，川普就曾下令當時的美國參謀長聯席會議主席和國防部長退出北約，但幸好有兩人的勸說，才勉強阻止了美國退約。對此，波頓預測，如果川普再次執政，美國退約的可能性將遠大於川普第一任期。

這麼看來，川普應該是真的打算退出，而不是在威脅。我們很難排除川普要求北約成員國大幅提高國防開支，若未達標國家數量達到一定程度，美國就會退出北約的可能性。2024 年總統競選活動期間，川普就不斷威脅國防開支未達到國內生產毛額（GDP）2%的北約國家就算被俄羅斯或其他國家攻

擊，美國也不會保護該成員國。當時，在 31 個北約成員國中，2023 年國防開支超過 GDP 2%的國家，只有波蘭（3.9％）、美國（3.5％）、希臘（3％）等 11 個國家，有 20 個國家未達到川普的標準。以歐洲代表性經濟強國德國為例，其國防開支僅占 GDP 的 1.6%，義大利占 1.5%，西班牙則占 1.3%。不難看出，歐洲大部分經濟大國的國防開支皆遠低於川普設定的標準。

川普要求北約成員國提高國防開支，也許很像在干涉他國內政，但美國會提出這樣的要求是有原因的。美國 2023 年的國防預算高達 8,600 億美元，其餘 30 個北約成員國的國防開支全部加起來僅 4,040 億美元，還不到美國的一半，這意味著美國承擔了北約國防開支的三分之二以上。

因此，就算我們說美國迄今為止獨自保衛了北約成員國也絕不為過。美國當然會對這種分攤不均的現象感到不滿。站在美國的角度，從地理位置上

來看，美國周邊並沒有敵國，卻支付了巨額軍費來保護歐洲的安全，而受到俄羅斯威脅的歐洲國家，明明沒有在國防上投入足夠資金，卻免費利用了美國的國家安全網。尤其是美國沒有社會安全網，因此當人們生重病或失業時往往得不到什麼補助，但歐洲卻把國防交給美國，並用省下來的軍費建立各種社會安全網，生活過得比美國安穩。

在這種情況下，川普 2.0 時代勢必會對北約的存亡造成巨大威脅。俄烏戰爭爆發後能源供應不穩定，導致歐洲國家的經濟大幅惡化，因此我們很難確定北約成員國是否能按美國的要求提高國防開支。2023 年德國的經濟成長率為 -0.3％，創下新冠疫情後的最低紀錄，2024 年的經濟成長率則為 -0.2％，連續兩年負成長。如果 2025 年德國等北約主要成員國以經濟困難為由，無法充分增加國防開支，川普很有可能會威脅退出北約，施壓其他成員國提高軍費。這很可能會引發美國和其他北約成員國間的嚴

重衝突和分裂。

　　如果北約成員國為了追求各自的利益而頻繁發生衝突，那北約的凝聚力將會減弱，俄羅斯和中國可能會趁虛而入。就以當前的俄烏戰爭為例，要是北約成員國在是否增援烏克蘭這個問題上出現分歧，烏克蘭可能會成為第一個受害國。川普多次表示，俄羅斯入侵烏克蘭並沒有對美國構成任何威脅，只有對歐洲造成致命威脅，他不曉得為什麼美國要比歐洲提供更多援助，並聲稱美國將減少或停止援助烏克蘭。儘管為了吸取中間選民的選票，川普在大選開始之際對「停止對烏援助」方針持保留態度，但川普已當選為總統，因此隨時都有可能利用「停止對烏援助」這個籌碼，最大限度地對歐洲施壓。

　　如果迄今為止提供最多援助的美國停止援助烏克蘭，那北約成員國可能會在分攤援助責任的過程中起內鬨。有鑑於當前的俄烏戰況，越來越多人質疑繼續增援是否真的有效。在這種情況下，要是連

美國都撒手不管，歐洲國家可能會出現嚴重內鬨，而俄羅斯將會趁此亂局，加強對烏克蘭的攻擊、擴大占領區。最糟的情況是，俄羅斯有可能試圖全面占領或擊垮烏克蘭。

當然，歐洲國家也有可能會團結起來，試著減少對美國的依賴，加強自身的國防能力，只是這並不容易，因為一旦美國退約，原本就衝突不斷的北約成員國，很有可能會發出更多聲音。其實，美國不僅為北約提供了安全保障，當北約成員國之間出現分歧時，美國還會以它強大的權力進行調解。

例如，瑞典申請加入北約時，土耳其不斷反對瑞典入約，導致成員國之間衝突加劇，當時正是美國解決了這個問題。美國當時批准向土耳其出售40架F-16新型戰鬥機，並承諾出售79套F-16舊型戰鬥機的升級套件，讓土耳其改變主意，同意瑞典加入北約。但就算美國不退出北約，只要減少其在北約中發揮的作用，就沒有國家會在北約成員國發生

衝突時從中進行調解。實際上，北約成員國中有些威權國家希望與俄羅斯或中國走得更近，試圖與俄羅斯或中國建立戰略合作並保持密切關係，這在北約內部引起了大大小小的衝突。

北約採取的不是絕對多數制，其任何決定都必須取得所有成員國同意，因此北約看似民主，卻有著只要有一、兩個國家反對，整個北約就有可能會動搖的嚴重弱點。到目前為止，美國靠其強大的力量軟硬兼施領導了北約，但如果美國減少其在北約發揮的作用，那威權國家可能會對所有與俄羅斯或中國有關的重大議題提出反對意見。因此，就算美國不退出北約，只要川普實施只以美國國家利益為優先的外交政策，北約的地位就有可能會在四年內大幅減弱。

更大的問題是，川普威脅退出的國際組織並不是只有北約。川普多次揚言將退出聯合國（UN）、世界貿易組織、《巴黎協定》、國際刑事法院（ICC）

等幾乎所有多邊國際組織,或大幅減少美國的貢獻。如果美國主動減少其影響力,那中國和俄羅斯很有可能會趁虛而入。如果中俄兩國在現有國際組織中擴大影響力,並不斷成立對抗美國的新國際組織,那霸權競爭將有可能出現新的變數。

在川普 2.0 時代,最理想的情境是強化區域性與功能性國際組織,發展出能夠填補美國空缺的新型態。如果發展失敗,各國將失去能夠消除紛爭當事國之間的衝突的管道,這有可能會導致武裝衝突變得更加頻繁、激烈,進而導致各國為了生存而加強軍備。最糟的情況是,這有可能會引發核武擴散骨牌效應,導致國際秩序變得比現在更不穩定。

從這個層面來看,韓國有可能會面臨巨大的問題。就如媒體廣泛報導的那樣,川普很有可能會要求韓國大幅提高駐韓美軍軍費。川普第一任期時就已經要求過韓國多支付五至六倍的駐軍費,而這次可能會打破當前正在進行的軍費分攤協議,要求重

啟談判。提高國防開支會對韓國造成巨大負擔。2023年，韓國的稅收缺口已超過56兆韓元（新台幣約1.3兆元），創下了歷史新高，2024年的稅收缺口預計會接近30兆韓元（新台幣約6,840億元）。如果在這種情況下，要求韓國將目前達1.3兆韓元（新台幣約296億元）的駐韓美軍軍費提高五至六倍，那韓國每年得支付美國近10兆韓元（新台幣約2,280億元）的駐軍費。在稅收持續短缺的情況下，這可能會引發嚴重的財政危機。

這還不是全部。2024年9月，美國前國家安全顧問羅伯特‧歐布萊恩（Robert O'Brien）表示，韓國的國防開支僅占GDP的2.5％，韓國應該要像美國一樣將該占比提高到3.5％。如果要滿足羅伯特‧歐布萊恩的要求，韓國每年得多投入20兆韓元（新台幣約4,560億元）的國防開支。如果再加上駐韓美軍軍費，韓國得多投入約30兆韓元（新台幣約6,840億元）。這對稅收持續短缺的韓國來說絕非易

事。因此，韓國其實應該像日本於 2024 年 4 月緊急派遣時任自民黨副總裁麻生太郎那樣，在競選期間實施顯眼的外交策略來應對川普。雖然感覺為時已晚，但韓國至少得從現在開始大幅加強針對川普的外交策略，這樣才有辦法在川普 2.0 時代維護韓國的國家利益。[1]

---

1 編注：川普也多次主張台灣應將國防預算提高到 GDP 的 10%。

04 即將撼動國際貿易秩序，
　　川普 2.0 時代的光明面和黑暗面

川普多次揚言將對所有中國進口商品課徵 60％至 100％的關稅，並對所有貿易夥伴徵收 10％至 20％的全面關稅。美國是否真的會徵收上述關稅還是個未知數。實際上，川普經常把提高關稅作為談判籌碼，以提高對貿易夥伴的談判能力來達到自己的目的。川普政府前貿易官員史蒂芬・沃恩（Stephen Vaughn）就曾在 2024 年 5 月表示，川普並不是為了關稅而提及關稅，他是為了讓其他國家提供美國互

惠待遇並避免貿易逆差增加。沃恩還表示，川普會提到美國將對中國徵收高額關稅，是為了利用關稅阻止中國嚴重扭曲關鍵市場。

　　整體來說，川普提到的高額關稅很有可能會變成談判工具，用來向對美國產生貿易順差的國家施壓。從這個角度來看，近幾年韓國對美國的貿易順差大幅增加，因此韓國很有可能繼中國之後，成為川普的第二個目標。根據韓國貿易協會（KITA），2023年韓國對美國的貿易順差創下了歷史新高；2024年第一季度，韓國對美國的貿易順差進一步增加，較2023年同期增長86％。對美國來說，韓國對美國的貿易順差，就是美國對韓國的貿易逆差，因此川普很有可能會關注韓國。[2]

　　但韓國對美國的貿易順差會大幅增加，是因為

---

2 編注：根據美國經濟分析局2025年2月5日公布的數據，2024年對美國產生貿易順差的前十大貿易夥伴依序為：中國（2,954億美元）、歐盟（2,356億美元）、墨西哥（1,718億美元）、越南（1,235億美元）、愛爾蘭（867億美元）、德國（848億美元）、台灣（739億美元）、日本（685億美元）、韓國（660億美元）、加拿大（633億美元）。

在美中霸權競爭加劇時選擇了美國，導致韓國對中國的貿易順差大幅減少，對美國的貿易順差大幅增加。另外，韓國最近會對美國產生貿易順差，是因為韓國企業目前在美國大量建廠。企業要建工廠，就得將韓國的設施和設備送到美國，但這些設施和設備都被認定為韓國對美國的出口商品。另外，企業要運行工廠，就得將一些韓國的中間財送到美國，但這些中間財也都被美國認定為出口商品。

換句話說，韓國對美國的貿易順差之所以會增加，是因為韓國企業對實際上能為美國創造工作機會的設備進行了過多投資。如果川普完全沒有考慮到這種情況，只看貿易收支統計數據，就決定對韓國進行制裁的話，韓國真的是相當無辜。因此，韓國至少得從現在開始，向川普政府解釋為什麼韓國對美國的貿易順差會大幅增加。要是韓國在川普第二任期初期錯過了機會，很可能在不久後的未來被川普施壓，而陷入得自行減少對美國貿易順差的最

糟情況。

　　無論川普政府課徵高額關稅，或是將高額關稅當作貿易的談判籌碼，各國今後應該都很難再實現對美國貿易順差。川普很有可能會單獨會面對美國產生貿易順差的國家並逐一擊破。為此，川普可能會按其需求改造世界貿易組織，如果改造不了，他可能會直接退出。川普還有可能會要求就美國已經簽訂的貿易協定《美國—墨西哥—加拿大協定》（USMCA）和《韓美自由貿易協定》重啟談判。也就是說，迄今為止，多邊貿易組織是一個能讓小而強的國家為自己發聲的國際外交平臺，但在川普2.0時代，多邊外交平臺很有可能會消失，因此各國的談判能力和外交實力將變得極為重要。

　　更大的問題是，川普曾表示，韓國、德國和中國將出現「製造業外流」（勞動成本、地價上漲等因素導致營商環境變差，企業將工廠轉移到海外的現象），並且還表示他將任命「製造業大使」

（Manufacturing Ambassador）這個新職務。製造業大使唯一的任務就是走遍全球，說服主要製造商收拾行李、轉移到美國。川普強調，只有在美國境內製造產品的企業才能自由進入美國這個全球最大的市場。這簡直就是要綁架其他國家的主要製造商。

其實，川普在第一任期時並未覬覦其他國家企業的工廠。川普當時只有威脅遷移到海外的美國企業如果不回美國，就會面臨各種不利因素。但過去四年發生了巨大的變化，如今其他國家的企業也成了川普覬覦的對象。其實，美國前總統拜登也一直透過精明的政策吸引其他國家的企業在美國建廠，《降低通膨法案》（IRA）和《晶片法案》（Chips Act）就是代表性的例子。拜登透過提供在美國境內建造電動車或電池工廠的企業稅收減免或半導體補助金的措施，吸引了韓國、台灣、德國企業將主要生產設施遷往美國。

有鑑於情況發生了這樣的轉變，川普也宣布他

將吸引外國企業遷往美國。只不過拜登是透過精心制定的政策吸引了外商投資，川普則很有可能會打擊那些不將生產設備轉移到美國的企業。川普已經警告過，無論是不是盟國的企業，任何不在美國製造產品的企業都將被徵收高額關稅。在此過程中，川普很有可能會徹底無視《韓美自由貿易協定》等協議。拜登已經研究了各種搶走其他國家工廠的方法，為美國鋪好了路，川普肯定會善加利用，吸引更多國家的製造商遷往美國。

川普的政策方向有可能會對包含韓國在內的製造業強國構成相當於國家緊急狀態等級的威脅。為了保住先進產業製造中心的地位，韓國企業必須不斷建設創新的製造設施。韓國企業自拜登政府時期以來，已經不再在韓國國內，而只在美國建設創新的設施。然而，韓國政府到現在都還沒推出任何有力的招商引資政策來保護重要的製造商。如果川普在這樣的情況下實施施壓政策，那韓國先進製造業

的空洞化現象將變得更嚴重。

先進製造業之所以如此重要,不僅是因為它會促使製造商創造工作機會和附加價值。只要先進製造業不斷在國內製造生產設備,就有機會催生出新的合作夥伴企業。此外,只要製造商互相連結、融合,就有機會催生出充滿新想法的創新生態系統。如果政府繼續像現在這樣,明明企業都外流了,卻還不採取有力的措施來保護企業生態系統,不只會讓青年世代失去高薪工作,甚至會失去能夠孕育出新產業的創新生態系統。

那麼,始於拜登、由川普接手的美國「製造強國夢」是否能實現呢?其實,除了部分製造業領域之外,美國可以說掌控著所有全球價值鏈。在這種情況下,如果美國成為製造業強國,那其無異於掌控一切。然而,就算美國擁有一切,通往製造業強國的路有可能會相當崎嶇不平。第二次世界大戰爆發後至 1979 年,美國在製造業保持了壓倒性的優

勢，特別是在第二次世界大戰導致歐洲製造業崩潰後，美國在全球製造業所占的份額急劇增加。直到 1960 年代初，美國製造業一直都擁有強大的生產能力，其生產量占了全世界的一半。1970 年代歐洲重建結束後，儘管美國製造業的份額有所下降，但直到 1970 年代末，美國還是維持著強大的生產力。

但 1980 年至 1982 年，美國經歷了第二次世界大戰以來最嚴重的經濟衰退和金融危機，情況發生了巨大的變化。為了擺脫經濟危機，在美國經濟衰退時期上任的雷根總統選擇放棄競爭力減弱的製造業，並以金融業和服務業為中心調整了經濟結構。雷根所做的選擇使美國經濟得以快速復甦，但曾經強大的美國製造業開始失去競爭力。這最後成了美國企業將製造業工廠遷移到海外，並將生產外包給開發中國家的第一個契機。

2000 年至 2010 年，美國製造業迎來了第二次衰退。這個時期美國的製造業幾乎崩潰，因此又被稱

為「美國製造業最糟糕的十年」。美國製造業的第二次衰退始於 2001 年，也就是中國加入世界貿易組織的那一年。當時柯林頓總統不顧其所屬的民主黨強烈反對，讓中國加入了世界貿易組織。這雖然擴大了美中貿易，使美國經濟有所好轉，但隨著美國製造商將工廠遷到中國或把生產外包給中國，美國的製造業開始急劇衰退。

2008 年爆發全球金融危機後，原本就已經苟延殘喘的美國製造業幾乎全滅。荒唐的是，明明引發全球金融危機的，是強行進行高風險衍生性金融商品交易而造成巨大損失的美國金融機構，但大部分的金融機構卻在美國政府巨額援助下起死回生。反倒是金融危機引發信用緊縮（金融機構供給的資金不足，導致市場資金流動性下降的情況）後，籌措不到營運資金的美國製造商受到波及而紛紛倒閉。如今，除了美國政府戰略性支持的汽車、精密機械、軍火工業等極少數領域，美國的其他製造業可以說

已全軍覆沒。

　　就連美國當時最引以為傲的航空領域也因為安全和品質管理問題，而開始落後於歐洲。波音成立於 1916 年，是一家擁有 109 年歷史的美國公司。但其 2017 年研發的最新機型「波音 737 MAX」因機體缺陷而在 2018 年和 2019 年兩度墜機，波音因而名譽掃地。2024 年，波音 737 MAX 的艙門在 4.87 公里高的空中脫落，乘客陷入了極度的恐懼和不安。事後調查結果顯示，事故原因居然是在組裝機身的過程中漏掉了幾個螺絲。

　　我們可以透過波音公司面臨的危機來了解美國製造業衰退的現況。美國從很久以前開始就忽視製造業，並將其當成用來降低成本的工具，製造業自此加速衰退。以飛機製造商波音公司為例，為了節省成本，波音在 2004 年做出了一個荒唐的決定。波音當時將製造飛機時最重要的機身、駕駛艙和機翼的工廠拆分出來，成立了一家叫勢必銳航空系統

（Spirit AeroSystems）的公司，然後將其出售。在那之後，波音為了節省成本，不斷壓低單價並縮短交貨週期。勢必銳航空系統最後在面臨財務危機和交期緊迫的情況下，交付了存在致命缺陷的機身和駕駛艙。這導致波音的最新機型波音 737 MAX 接連發生大型空難事故。

2018 年起，每年都發生了這類事故，波音卻依舊忽視飛機製造的重要性，未採取任何行動。直到 2024 年，波音才決定併購勢必銳航空系統。但就算併購該公司，波音的製造基礎早已變弱，其能否恢復昔日的品質管理能力還是個未知數。勢必銳航空系統為了壓低單價、節省成本，已經解僱了大量的技術熟練人員，儘管有為期一至兩年的競業禁止規定，但為了維持生計，一些技術人員已經轉職到歐洲、巴西甚至中國的航空公司。在此過程中，中國迅速掌握了美國先進的飛機製造技術。

就連美國最引以為傲的航空航太領域都處於如

此嚴重的情況，更別提其他製造業了。最大的問題是，美國大部分製造商和波音一樣缺乏生產技術人才，因為他們過去不斷以降低成本為由，解僱了大量的技術熟練人員。因此，美國現在要填補製造業不可或缺的技術人才缺口並不容易。

除了美國製造商之外，赴美投資的外國製造商也因為招不到生產技術人員而陷入危機。例如，台積電原本計畫在 2024 年讓美國亞利桑那州的晶圓廠開始全面生產半導體，但由於招不到技術人員，台積電不得不將生產時間延到 2025 年。台積電相當需要人才，原本打算從台灣派 500 名工程師赴美培訓美國勞工，沒想到亞利桑那州工會表示這可能會威脅到美國人的工作機會，而要求政府拒發簽證給這些工程師，台積電再次陷入困境，不得不想辦法和其達成協議。台積電原定 2026 年啟動亞利桑那州的第二座晶圓廠，但受到當前情況的影響，台積電決定推遲兩年，於 2028 年啟動該晶圓廠，但是否能按

計畫投產還是未知數。

　　人才短缺並不是台積電獨有的問題。三星電子、福斯、BMW、豐田等多家企業在美國設廠後，都因為招不到技術熟練人員而面臨挑戰。為了解決這個問題，這些企業紛紛向當地教育機構投入大筆資金，並為職業培訓課程投入巨額預算。但是美國長期以來忽視製造業，技術人才依然嚴重不足。雪上加霜的是，美國當地工會不斷呼籲企業大幅縮短工時並提高薪資，使得赴美投資的企業陷入前所未有的人才短缺危機。

　　在如此艱難的情況下，川普當選總統很有可能會使情況變得更糟。現在就連已經完工的工廠都無法正常運轉了，如果川普要求外國企業在美國建造更多工廠，那將對主要製造業強國構成嚴重威脅。如果在美國建廠，就得向美國出口生產設備和中間財，但這短期內都會被認定為對美國的貿易順差，反而會讓川普有藉口可以加大對各國的貿易壓力。

那麼,打算讓外國製造商也轉移到美國的川普戰略是否對美國絕對有利?答案是未必。如果美國在沒有技術人員的情況下強行讓外國廠商赴美國設廠,又無法按計畫開工,導致製造成本上升的話,美國物價可能會上漲。除了現有科技巨頭之外,美國還掌握著 AI 和生物科技等新興產業。川普想讓美國重返製造大國的野心,稍有不慎可能會加速全球經濟區塊化或貿易戰。這有可能會成為破壞全球供應鏈並使全球經濟成長放緩的重大威脅因素。在這種情況下,如果不做好最低限度的準備來保護本國企業,很有可能會在全球供應鏈戰爭中落後。

05 激烈的美中霸權競爭將至

打響美中霸權競爭的人正是現任美國總統川普。川普第二任期揭開序幕,意味著美中霸權競爭今後很有可能變得更加激烈。川普有可能會先開打關稅戰,按競選期間承諾的那樣,徵收60％至100％的關稅。但對韓國來說,對中國的半導體出口進行管制會構成更大的威脅。因為如果韓國對中國的半導體記憶體出口受到管制,韓國將受到超乎想像的巨大衝擊。

美國前總統拜登在任期內一直將半導體出口管

制當作美中霸權競爭的關鍵武器。撤銷英特爾和高通向華為出口半導體的許可證就是一個代表性的例子。在這之後，華為自主開發晶片，導致高通 2024 年損失了 100 多億美元。另外，輝達的整體銷售中，原本有 20％ 來自中國市場，但拜登的出口管制禁止輝達向中國出口最新的晶片。輝達已接到大量訂單，因此目前還沒有什麼太大的問題，但如果哪天訂單量下降，對中國的出口管制可能會成為阻礙輝達成長的主要因素。

像這樣，拜登政府頻繁實施了半導體出口管制措施。為了與川普的貿易戰有所區別，拜登對中國採取的遏制舉措通常被稱為「美中科技戰」，但發起中國半導體出口管制的人其實是川普。2017 年川普就任美國總統前，中國一直是美國重要的貿易夥伴和全球供應鏈的一員，因此誰都沒有想到美國會對中國進行半導體出口管制。然而川普在毫無預警的情況下，將華為、中芯國際等中國的主要科技公

司列為出口管制對象，正式發起了科技戰。另外，最先對荷蘭企業艾司摩爾施壓，阻止其向中國出口先進半導體設備的人也是川普，而不是拜登。拜登和川普皆進行了出口管制，但拜登透過精心制定的管制政策，在牽制中國的同時將美國的損失降到了最低，川普則是毫不掩飾地進行出口管制，甚至顯得粗暴。

隨著拜登政府時期美中關係進一步惡化，最先進行半導體出口管制的川普有可能會對中國實施更嚴厲的出口管制。拜登政府曾經評估是否要對用於AI伺服器的先進高頻寬記憶體（HBM）進行管制。當時，拜登根據技術水準進行審查，逐一評估是否要進行管制。然而，川普很有可能會以全面性的半導體出口管制向中國施壓，並強力要求韓國的主要半導體企業收緊對中國的出口管制。

這些出口管制必然會加快中國的半導體記憶體技術獨立。2023年之前，中國的半導體記憶體大

廠長鑫存儲只占了全球 DRAM 市場份額的 1％，但 2024 年長鑫存儲的產能快速擴張，甚至有傳言說其目標是在 2024 年底將全球市場份額擴大到 15％。雖然長鑫存儲的產品目前集中在大約落後兩個世代的舊 DRAM 產品 DDR4，但其已成功開發出了接近最新技術的 LPDDR5，因此長鑫存儲可以說正在緊追韓國的半導體企業。

在這種情況下，如果川普繼 HBM 之後，禁止向中國出口最新的半導體記憶體，中國短期內將會面臨困難，但如果中國完全無法進口半導體記憶體，那長鑫存儲等中國企業將會壟斷中國市場，因此中國企業反而有可能會以更快的速度追擊韓國的半導體企業。也就是說，如果川普加強對中國的半導體出口管制，那韓國企業不僅會立即失去最大的市場，未來還會面臨被擁有自主生產能力的中國半導體企業猛烈追擊的風險，因此韓國政府正努力試著縮減半導體出口管制對象。這將左右韓國的未來。

「計畫四年後停止從中國進口商品」可以說是川普對中國採取的最嚴厲貿易管制。川普曾在競選期間宣布，其將在四年內逐步減少從中國進口電子產品、鋼鐵、藥品和其他所有必需品，並在四年後全面禁止進口中國的這類商品。由於這個承諾較為極端，大多數媒體都不認為川普真的會履行，因此沒怎麼報導這件事情，但如果川普真的執行這項計畫，那中國勢必會報復，而這將導致四年後全球供應鏈分裂成美國和中國陣營。

　　如果美中經濟完全脫鉤，那兩國爆發軍事衝突的可能性將會增加。就算發生霸權競爭，只要兩國為全球價值鏈（Global Value Chain）的一部分，那雙方都不會輕易發動戰爭，因為一旦全球價值鏈斷鏈，那無論戰勝戰敗，雙方都將遭受嚴重的經濟損失。但如果脫鉤導致經濟分裂，那就是另外一回事了。如果沒有經濟聯繫，很容易產生可以從戰爭中獲益的錯覺，第二次世界大戰就是代表性的例子。

1929 年經濟大蕭條爆發後，全球面臨了史上最嚴重的危機，各國紛紛提高關稅壁壘，加強了貿易保護主義，這導致全球經濟開始分裂成大英國協、法蘭西殖民帝國、德國、日本等貿易集團。德國在希特勒執政後曾試圖效仿英國殖民地，在中歐和東歐成立貿易集團；日本則在東亞和太平洋地區擴大了殖民地。隨著全球經濟區塊化，大國之間的衝突變得更容易演變成軍事衝突。

　　川普當然有可能按其承諾，強行推進未來四年逐步停止從中國進口商品的計畫，不過更多分析認為，共和黨智庫很清楚如果全球經濟區塊化，發生軍事衝突的可能性會大幅增加，川普應該只會利用這個四年計畫向中國施壓，以抓住在貿易戰中勝利的機會。然而，考慮到川普的作風，我們不能排除川普按計畫推進承諾的可能性。因此，就算我們說川普 2.0 時代是「來自中國的安全風險的最大分水嶺」也不為過。

06 低物價和低利率時代是否會到來？

　　川普承諾過，如果他再次當選總統，會將能源成本減半來降低物價，以及會將抵押貸款利率降到歷史最低水準。那麼，低物價和低利率時代真的會像他承諾的那樣到來嗎？如果經濟會按總統的命令運行，那當然有可能會到來，但無視經濟原理的經濟政策，可能會引發與政策制定者的意圖相反的結果和意想不到的風暴。本篇將分析如果川普強行降低物價和利率，會引發什麼樣的蝴蝶效應。

　　川普提出了一項用來大幅降低物價的解決方案，

其原理非常簡單。川普認為，只要大幅取消能源相關監管、降低生產成本，能源價格就會下降。川普的能源政策可以用一句話來概括：「鑽吧，寶貝，鑽吧。」（Drill, baby. Drill.）也就是說，川普認為只要開發更多的油田，產量就會增加，油價就會減半，由於能源價格下降，物價自然而然就會下降。但是國際油價取決於地緣政治、市場流動性等各種複雜的因素，並沒有像川普想得那麼簡單，不會只因為放寬石油鑽探相關監管就立即下降。此外，無論再怎麼放鬆監管，只要美國頁岩油開採商的獲利能力下降，產量必然也會跟著下降。

　　許多人對拜登政府的頁岩油監管有一個誤解，那就是以為「拜登對頁岩油開採商進行了過度監管，導致產量下降」。這並不是事實。拜登執政初期確實曾加強對原油開採和生產的監管，導致頁岩油產量下降，但是 2022 年俄烏戰爭爆發後，國際油價飆升，導致美國物價飛漲，拜登大幅放寬了相關管制。

這使得拜登任期內美國原油產量連年創新高，2020年拜登上任前，美國原油日均產量僅為 1,130 萬桶，但 2023 年增加到了 1,293 萬桶，根據美國能源資訊署（EIA）的預測，2024 年美國日均原油產量將超過 1,320 萬桶。

其實，頁岩油產量不斷增加，幾乎已達到極限，因此不少人預測頁岩油產量很難再大幅提升。在這種情況下，我們很難指望透過放寬頁岩油開採相關監管大幅提高原油產量。再者，頁岩油開採是一項投資風險極高的事業，在市場對美國經濟放緩的擔憂持續存在的情況下，只因為放寬管制政策就增加對新油田的投資並不是件容易的事。

綜上所述，油價應該不會因為「川普效應」而進一步下跌。在川普任期內，油價的變化將更多取決於全球經濟局勢，而非川普的政策。儘管 2025 年美國是否會面臨經濟衰退仍然存在爭議，但幾乎可以肯定的是，2025 年美國的經濟成長率將低於 2024

年。除此之外，經濟嚴重放緩的中國是全球最大的原油進口國，其將在原油需求方面成為影響油價的巨大因素。

中東地區地緣政治動盪，可以說是影響油價的另一個更重要因素。美國大選之前，以色列將加薩走廊夷為平地，並對黎巴嫩真主黨發動攻擊，但伊朗並未積極應對。這有部分是因為伊朗希望賀錦麗當選，如此一來美國應該會重返《伊朗核協議》（JCPOA），並解除對伊朗的制裁。但如今川普當選，美國不太可能在接下來四年內重返《伊朗核協議》。因此，如果以色列再度先發動攻擊，伊朗很有可能會積極應對。中東地區的這種地緣政治不穩定因素，勢必會在川普任期內持續加劇，並成為未來刺激國際油價飆漲的主要因素。

另一方面，川普還承諾過將施壓美國聯準會降低基準利率，也就是降息，使美國的抵押貸款利率降到歷史最低水準。川普曾在第一任期時施壓聯準

會降息,聯準會依然自行決定了利率,如今川普的權力比過去強大許多,聯準會的降息壓力可能會倍增。然而就算聯準會在此壓力下加速降息,也無法保證抵押貸款利率降幅會像基準利率降幅那麼大。

聯準會決定的基準利率指的是隔夜利率。聯準會就是透過調整這個超短期利率,來間接影響中期或長期利率,從而調節市場利率。問題是,聯準會提高或降低基準利率,不代表市場利率一定會跟著上升或下降。自 2008 年全球金融危機後,這兩者的關聯性已被打破。當時,雖然聯準會將基準利率從 4.25％大幅下調至 0％至 0.25％,但由於金融體系不穩定、信用緊縮,抵押貸款利率等長期市場利率不降反升。因此,為了壓低市場利率,聯準會實施了量化寬鬆(QE)政策,大量印鈔並大規模購買國債和不動產抵押貸款證券。如果沒有實施量化寬鬆政策,只有下調基準利率,抵押貸款利率等市場利率根本不可能降低。

現在的美國就和 2008 年相似，無論川普再怎麼向聯準會施壓，聯準會也不太可能迫於政治壓力改變降息步伐。即便聯準會在川普的壓力下大幅下調基準利率，也無法保證長期市場利率會與基準利率同步下降。當然，聯準會也許會在降低基準利率的同時實施量化寬鬆政策，以拉低市場利率，但目前的市場狀況與 2008 年和 2020 年截然不同。

　　過去，美國之所以能展開大規模的量化寬鬆政策，是因為當時無論再怎麼印美鈔都沒有發生通貨膨脹，但現在通貨膨脹隨時都有可能發生，若再次實施量化寬鬆政策，很可能會削弱美元價值。另外，如果發生通貨膨脹，市場利率可能會不降反升，因此可能會需要提高基準利率，也就是升息。雖然川普承諾將實現「低物價和低利率」，但川普施加的壓力反而有可能會導致物價上漲或利率上升。

　　就算川普的承諾真的實現，部分承諾反而有可能成為刺激利率或物價上漲的另一個因素。川普的

關稅承諾就是一個代表性的例子。如果美國對中國課徵 60％至 100％的關稅，那關稅將有可能立即成為拉高美國物價的因素，因為就算改從其他國家進口，商品價格還是會比對中國課徵高關稅前高很多，全面關稅則是更大的問題，如果美國對所有國家徵收 10％至 20％的關稅，那關稅的相當大部分可能會反映在物價上，導致美國物價上漲。

川普如何利用關稅，將成為影響美國物價的重要因素。川普是會先對貿易夥伴徵收高額關稅後，再將關稅豁免作為貿易談判籌碼，還是會在進行貿易談判時將關稅作為威脅手段，其決定將有可能對美國物價造成巨大影響。川普政府不會希望美國物價上漲，因此照理來說應該會選擇後者，但考慮到川普橫衝直撞的個性，不能排除先徵收高額關稅再協商談判的可能性，如果是這種情況，美國物價有可能會隨著進口物價飆升而上漲。

還有一個問題是川普的移民政策。川普曾在

2024 年競選期間對高學歷合法移民持開放態度，並表明他只會嚴厲打擊非法移民。但川普在第一任期時，並不是只有對非法移民採取強硬的措施，他還頻頻推出了限制發放工作簽證給高學歷專業人員，阻止合法移民湧入美國的政策。當時，川普在上任後立即大幅提高 H-1B 專業職業簽證的審核標準，導致簽證拒簽率從 2015 年的 6％ 飆升到 2018 年的 24％，足足增加了三倍。

不僅如此，川普還曾試圖禁止通常會發給跨國企業員工的 L-1 簽證持有人入境，幸好美國法院裁定川普濫用職權，允許了這些簽證持有人入境。投資美國的韓國工廠在派遣韓國員工時通常會申請 L-1 簽證，因此對韓國來說非常重要，如果川普成功禁止 L-1 簽證持有人入境，那投資美國的三星電子、現代汽車等韓國主要企業將有可能會癱瘓。此外，川普還曾頒布行政命令禁止綠卡申請人入境。川普不僅打擊了非法移民，還時不時地頒布嚴格限制所

有合法移民入境的行政命令。

雖然在 2024 年競選期間，川普大幅改變了對合法移民的立場，宣布將自動發綠卡給外籍大學畢業生，但這應該只是為了爭取美國政治獻金大戶矽谷投資者和科技巨頭的支持。其實，川普在第一任期限制或推遲發放專業技術人員的工作簽證時，科技巨頭和投資這些企業的華爾街，就對川普表達了強烈不滿。隨後，川普與這些企業在多個議題上持續碰撞，導致衝突逐漸加深。因此，川普改為對合法移民採取寬容的態度，可以說是在向矽谷和華爾街示好。

然而，除了伊隆・馬斯克（Elon Musk）之外，川普在競選期間並未得到其他矽谷巨頭的支持或資助。川普是在沒有矽谷巨頭資助的情況下當選為總統的，因此他是否會為了提供矽谷所需的人才，放寬技術移民或專業職業簽證政策，目前還是個未知數。馬斯克可以說是矽谷唯一支持川普的人，因此

他應該會在這方面發揮相當重要的作用。馬斯克一直都強調必須嚴厲打擊非法移民,但應該大幅擴大主要發給科技人員的 H-1B 簽證的名額,因此馬斯克有可能會促使川普改為採取具前瞻性的態度。

如果川普這次又像第一任期時那樣,在打擊非法移民的同時,又加強對合法工作簽證和合法移民的審核,並限制發放簽證和綠卡,那可能會導致美國的勞動供給減少、勞動成本進一步飆升。對仍然具有通貨膨脹風險的美國,這有可能成為造成物價不穩定的因素。因此,川普上任初期如何制定美國移民政策,將對美國的勞動成本、通貨膨脹和利率產生非常巨大的影響。

在川普 2.0 時代,刺激物價上漲的另一個因素是川普的其中一個核心承諾「大規模減稅」。川普承諾將在未來十年內耗資 5 兆美元減稅。減稅本身當然不會直接推高物價,但減少稅收實際上會帶來釋放資金的效果,因此可能會間接導致物價上漲。

川普減稅不僅會刺激通貨膨脹，還有可能會帶來其他問題。隨著財政赤字大幅增加，美國國債很有可能會增加得更快。美國國債已因為拜登政府大幅擴大財政支出而快速增加，2021年1月拜登上任時美國國債為27.8兆美元，2024年7月時則高達35兆美元，更在11月時突破36兆美元。在這樣的情況下，如果沒有其他的稅收就實施大規模減稅，美國國債勢必會以更快的速度增加。

　　雖然川普聲稱可以透過對關稅來彌補因減稅發生的所有稅收損失，但專門研究美國稅務政策的智庫美國稅務基金會（Tax Foundation）發表的一項研究結果顯示，如果要按川普的承諾用關稅取代所得稅，得徵收70％的全面關稅；如果要取代企業稅等承諾減免的所有稅額，得對美國進口的所有商品徵收超過100％的關稅。這不僅會導致美國物價飛漲，歐洲國家和中國等主要國家徵收報復性關稅的可能性也會增加。

如上所述,川普減免的稅額不可能全部用關稅來取代,因此最終會需要發行國債來彌補稅收損失。然而如果美國國債增加得比現在更快,那它很有可能會成為吸收市場資金的黑洞。如果美國國債供過於求、價格會下跌,市場利率就可能會飆升。在這種情況下,無論美國聯準會再怎麼下調基準利率,長期市場利率也不會像基準利率降得那麼多。如此一來,川普「將抵押貸款利率降到歷史最低水準」的承諾可能會無法實現。

　　如果要實現川普的「低物價和低利率」承諾,就必須大幅修改他在競選期間提出的其他承諾。不曉得這算不算是不幸中的大幸,根據研究機構的統計數據,川普第一任期的承諾兌現率只有25％至44％,低於前美國總統歐巴馬(Barack Obama)的承諾兌現率50％。川普在第一任期時就連共和黨都沒能拿下,因此無論當時的川普再怎麼想兌現承諾也無法辦到,但是現在川普的影響力大幅提升,他

是會履行競選時提的所有承諾，還是會根據現實修改承諾，還有待觀察。

07 經濟將面臨嚴峻挑戰

　　川普第一任期時，美國經濟已完全擺脫了全球金融危機的影響，呈現穩步復甦的趨勢。2017 年美國的經濟成長率為 2.2％，維持良好水平，並創下了連續 76 個月工作崗位增加的紀錄。當時，「通貨膨脹」這個詞早已消失，加上歐巴馬執政後期美國財政恢復穩健，因此也不太需要擔心財政赤字。多虧於此，川普一上任就得以實施大規模減稅，使企業利潤大幅增加，美股持續走高。

　　但川普第二任期才剛開始，就能預見艱難的未

來。2024年美國的經濟成長率預計會和2023年一樣，只有2.5%左右。問題是許多分析預測，美國的經濟成長率將從2025年開始惡化。國際貨幣基金組織（IMF）和經濟合作暨發展組織（OECD）預測，美國的成長率將降至1.8%。甚至有不少悲觀的預測指出，美國將陷入經濟衰退。全球最大的會計事務所德勤（Deloitte）甚至預測美國的成長率將降至1.1%。

　　無論是否會面臨經濟衰退，美國的經濟成長放緩幾乎已成定局。這種時候能使經濟恢復的最有效辦法，就是透過財政政策釋放資金。然而要在川普2.0時代實施強而有力的財政政策並不容易。短短幾年內，美國國債已從2017年的20兆美元，暴增逾16兆美元，在2024年底突破36兆美元；另外，時任美國財政部長葉倫（Janet Yellen）不僅在大選前減少長期國債的發行比例，還發行3個月期、6個月期的短期國債來償還長債，這在今後可能會成為很大

的問題。

實際上，美國持續發行短期國債來還長期國債是很荒謬的事情。透過發行短期國債來還長期國債，因為需要頻繁償還，不僅會對財政管理造成巨大負擔，短期國債發行量過多還會加大金融市場的波動性，並增加突然發生流動性危機的風險。為了讓高得異常的短期國債占比降至正常水平，必須將短期國債逐步轉換為長期國債。如果沒有在川普任期內完成這項任務，美國隨時有可能陷入金融不穩定。

那麼，如果美國從現在開始，將迄今為止透過短期國債籌集的資金轉換為長期國債，會發生什麼事呢？如果在國家債務突破 36 兆美元的情況下增加長期國債發行量，會吸收民間金融機構長期管理的市場資金，導致市場利率上升。這正是前美國財政部長葉倫在拜登任期內盡可能不發行長期國債的原因。如果美國政府從現在開始將過多的短期國債轉換為長期國債，那就算下調基準利率，長期利率也

很有可能只會以緩慢的速度下降，而這會對企業的長期投資計畫產生負面影響。因此，透過發行長期國債增加財政支出，可能會導致民間投資和消費減少，產生排擠效應（Crowding Out Effect）。

拜登政府和前美國財政部長葉倫所留下的巨額債務，尤其是短期債務，將成為川普第二任期的一大阻礙。問題是，在這種國庫見底的情況下，川普仍然堅持實施大規模減稅。如果川普按承諾實施減稅政策，美國的國債發行量將會進一步大幅增加。與現在相比，川普第一任期時美國國債相對較少，財政赤字也不嚴重，因此減稅政策帶來了提振經濟的效果，但是這次的減稅政策，最終會使美國政府發行長期國債，因此反而會導致民間消費下滑。

川普第二任期的另一大阻礙，是威脅美國金融市場的商業銀行財務惡化問題。若按照人均計算，美國是全世界中小型銀行最多的國家。根據美國聯邦存款保險公司（FDIC）2023年第四季的報告顯

示，美國總共有 4,072 家銀行。銀行數量之所以會這麼多，是因為除了少數幾家在全美設有據點的超大型銀行，其他銀行都是以州為單位營業的中小型銀行。這些中小型銀行不容忽視，因為美國前 25 家大型銀行的總資產額為 5.8 兆美元，其餘中小型銀行的總資產額則高達 6.6 兆美元。

然而，由於國債殖利率上升和商業房地產貸款問題，美國中小銀行正面臨著嚴重危機。史丹佛大學發表的一份相當令人震驚的報告指出，隨著國債殖利率上升，截至 2023 年 5 月，美國所有銀行的未實現損失達到了 2.2 兆美元。未實現損失是由於國債殖利率上升、國債價格下跌而發生卻尚未反映在帳面上的損失。如果客戶沒有在債券到期之前取回資金，那未實現損失就不是什麼問題，但如果客戶在債券到期之前取回資金，銀行就得以較低的價格出售債券，因此最後可能會破產。

2023 年矽谷銀行（Silicon Valley Bank）倒閉就

是一個代表性的例子。矽谷銀行是美國四千多家銀行中資產規模排名第 16 的大型銀行，但其資產管理水準卻相當於中小銀行。新冠疫情期間，美國政府發放紓困金、存款劇增時，矽谷銀行將大部分資金用於購買美國國債。問題是，美國國債的殖利率當時不到 1%，後來卻飆升到 3% 至 4%，導致國債價格暴跌。同一時間，矽谷銀行損失慘重的謠言四起，儲戶紛紛開始提領資金，矽谷銀行不得不低價出售其持有的美國國債。結果，銀行的未實現損失問題開始浮出水面，相關新聞透過社群媒體瞬間傳開，大批儲戶湧入銀行提款，發生了擠兌現象，矽谷銀行最終宣告倒閉。

問題是，美國銀行業目前的情況完全沒有好轉。2023 年，時任美國財政部長葉倫全面擔保存款並為市場注入大量的流動性，以違反市場經濟原則的政策解除燃眉之急，但銀行巨額的未實現損失並沒有消失，問題根本沒有得到解決。在這種情況下，如

果美國景氣惡化、失業率上升,大批失業者將會到銀行提款,中小銀行則會拋售其持有的美國國債或不動產抵押貸款證券。這會使債券價格進一步下跌,飽受驚訝的儲戶會湧入銀行,陷入惡性循環。

如果要預防這種情況發生,必須先拉低長期國債殖利率。為此,聯準會必須在經濟全面衰退之前迅速將基準利率下調至中性利率水準(2.9%),並停止量化緊縮(QT)政策,以避免吸收市場資金。但由於仍存在發生通貨膨脹的風險,要實施這種大膽的政策非常困難。除此之外,如果利率下調得太低,以低利率借入後投資美國市場的日圓套利資金有可能會全部回流日本,引發日圓套利交易大規模清算,這也是阻礙美國大幅降息的一個因素。

2025 年,美國銀行業要解決的難題除了債券問題,還有一個隱患,那就是商業房地產貸款問題。2020 年至 2022 年上半年,受到疫情影響,美國利率大幅下降,掀起了商業房地產投資潮,這些貸款

的到期日集中在 2025 年至 2027 年（美國的商業房地產貸款通常為五年期固定利率產品）。當貸款到期時，借款人必須展延或清償，若房地產價格下跌，抵押品價值無法獲得承認，最糟的情況可能會被迫出售該房地產。

我們可以說，美國的商業房地產正面臨著史上最嚴重的危機。2024 年，美國的辦公室空置率高達 19.4%，舊金山的辦公室空置率甚至高達 37%，為全美最高。然而危機還沒有結束，美國信用評等機構穆迪（Moody's）預測，2026 年美國的商業房地產空置率將飆升到 24%。如果空置率這麼高，獲利能力將會下降，最終導致難以還款。如果剛好在房價下跌時貸款到期，那還會非常難展延。

總而言之，在 2025 年，到期貸款未能展延的商業建築很有可能會大量出現在法拍市場。其實，這個現象從 2024 年就開始席捲美國各大城市，許多大樓紛紛以低價出售。2024 年，紐約曼哈頓市中心一

棟二十三層辦公大樓在網路拍賣會上以 850 萬美元的低價成交，與 2006 年的 3.32 億美元相比，足足跌了 97％。由於房地產抵押貸款到期日集中在 2025 年至 2027 年，美國主要城市今後很有可能出現大量的低價法拍屋。

在這種情況下，川普的減稅政策可能會使美國商業房地產和銀行的前景進一步惡化。如果川普尚未解決美國長久以來的財政赤字問題，就按其承諾實施大規模減稅，那美國將不得不發行更多國債。屆時，就算聯準會下調基準利率，美國的國債殖利率也有可能不降反升。這可能會導致美國的市場利率變得不容易下降，而美國的商業房地產業主和貸款給這些業主的銀行會面臨更大的困難。像這樣，2025 年以後美國的國債和金融市場情況很有可能會為川普帶來極大的挑戰。

第二章

國際：武裝衝突將進一步加劇

01 台灣有可能會在七年內被入侵

自俄烏戰爭爆發後，人們越來越擔心無論是哪都有可能成為戰場。尤其是川普 2.0 時代，中國和台灣開戰的可能性增加，這會對韓國的安全和經濟構成相當大的威脅。韓國 33.27％的海上運輸量和 99％的中東地區進口原油都會經過台灣海峽。如果台灣和中國開戰，這條海運路線很有可能會被切斷。其實就算不爆發戰爭，只要中國封鎖台灣附近的海域、對台灣施壓，就會對韓國經濟造成巨大的影響。

那中國以武力入侵台灣的可能性有多高呢？對

此，有一本書進行了犀利的分析，而在美國引起了很大的反響。那就是美國著名政治學家邁克爾・貝克利（Michael Beckley）以及霍爾・布蘭茲（Hal Brands）教授共同撰寫的《危險地帶：與中國的衝突即將到來》（*Danger Zone: The Coming Conflict with China*）。這本書集中分析了人類歷史中霸權國家和挑戰國家之間爆發戰爭的原因。該書主張，在霸權國家和挑戰國家競爭加劇的情況下，如果迅速追趕的挑戰國家成長速度放緩並開始衰退，發生武裝衝突的可能性會大幅增加。因為當挑戰國家在達到頂峰後開始走下坡時，會擔心再也沒有機會成為霸權國家而變得焦慮，導致做出錯誤決定的可能性增加。書中提到，第一次世界大戰時的德國就是一個代表性的例子。當時德國因為經濟成長開始停滯而感到極度焦慮，最後引發了第一次世界大戰。

該書指出，從這個角度來看，現在的中國就如同第一次世界大戰爆發前的德國，處於岌岌可危的

狀態。中國經濟之所以能快速成長，是因為有「人口」這個強勁的成長動力。中國是因為工作年齡人口（15歲至64歲人口）持續增加，才實現了快速成長。但中國的工作年齡人口在2011年達到9億、創下歷史新高後就持續減少，因此中國的經濟成長率將明顯放緩，國力也將在不久之後達到頂峰，接著開始減弱。另外，在人口結構惡化時，中國犯了一個很大的失誤，那就是在與美國開展霸權競爭時，中國不但沒有拉攏周邊國家，反而強烈施壓，導致周邊國家都成了敵人。該書表示，這可能將會使中國的經濟成長完全停滯。

問題是，中國的政治環境變得過於僵化，因此更有可能會做出錯誤的選擇。中共前主席毛澤東逝世後中國政府權力分散，因此保持了相對穩定的政治環境。而在江澤民、胡錦濤時期，最高領導人被視為「同儕之首」（First Among Equals），因此就算是國家主席，權力同樣有限。但習近平在執政期

間取消了國家主席的任期限制,得以終身執政。習近平目前身兼中共中央總書記、中國國家主席、中共中央軍委主席這三大要職,並在政治局常務委員會和政治局安插了自己的親信。另外,習近平連任三屆,實際上瓦解了中國自1989年以來維持的集體領導體制,鞏固了一人獨裁體制。

中國至今為止能推行靈活的經濟政策,可以說是因為維持了集體領導體制。由於是集體領導體制,當經濟政策失誤時會由集體負責,而不是由一個人負責,再加上最糟的情況是換掉國家主席,因此可以避免共產黨受到譴責。但現在的中國實際上是習近平一人獨裁體制,因此要是中國經濟出了什麼問題,就必須要由他一個人負責,他當然會變得更執著於權力。另外,一人獨裁體制最大的弱點是最高領導人一旦下臺就有可能會遭到政治報復,這也是為什麼現在的中國會將政治置於經濟之上。

為了加強政治權力,習近平領導下的中國削弱

了大型科技產業,並以「共同富裕」為由,打壓了各種新產業。中國的內需市場則因為實施了過長的「清零政策」正在嚴重衰退。中國還削弱了長久以來作為中國門戶的香港的經濟地位,並與周邊國家發生了得不到什麼實際利益的領土爭端,導致衝突不斷。中國甚至從2024年9月開始,對金融產業進行了監管。像這樣,為了加強政治權力,中國經濟陷入持續惡化的惡性循環。

如果中國經濟遲遲不能恢復,那對習近平體制的不滿情緒將會加劇,而假設中國試圖將這些不滿情緒轉向外部,國際局勢必然會變得更不穩定。因此《危險地帶:與中國的衝突即將到來》的兩位作者預測,未來十年將是最危險的時期。這本書出版於2022年,因此它相當於預測了未來七年將會是最危險的時期。那麼,中國可能會做出哪些「錯誤的決定」呢?兩位作者的主張總結起來如下:

一、對周邊國家採取更具攻擊性的態度，特別是加大對亞州地區的壓力。

二、為應對經濟成長放緩問題，採取危險的對外經濟政策。

三、為阻止社會動盪不安，實施高壓的內部控制政策。

四、做出會加劇與美國緊張關係的決定，而加深與美國的矛盾。

五、做出最極端的決定，對台灣採取軍事行動。

前四項可以說是中國已經在實施的政策。關於第一項，中國與菲律賓目前正因為南海主權問題頻繁發生衝突。儘管中菲兩國已經同意緩和緊張局勢，但中國仍不斷在對菲律賓的漁船和海岸警衛隊船隻進行水砲攻擊，導致兩國緊張局勢進一步升級。此外，中國與印度之間也存在嚴重衝突。2020 年 6 月 15 日，中印邊境加勒萬河谷地區爆發武裝衝突，造

成雙方數十人傷亡。在那之後，印度提高了對中國產品的貿易壁壘，並禁止了 TikTok 等五百多個中國的應用程式。印度到現在都還禁止大部分的中國人入境。此外，由於中印兩國之間的直飛航班全面停飛，從中國到印度需要途經多個國家。

兩位作者擔心的第二項，即「為應對經濟成長放緩問題，強行實施危險的對外經濟政策」的現象正在加劇。中國的生產過剩問題日益嚴重，但政府不但沒有進行產業結構調整，反而發放補助，助長了中國企業生產過剩，並將生產出來的產品出口到其他國家。中國政府刻意讓鋼鐵、鋁、電池、電動車、石油化學等幾乎所有製造業領域都生產過剩，並透過政府補助和國有銀行的大力支援，壓低出口單價後，將產品出口到其他國家。這稱得上是利用廉價產品摧毀周邊國家的產業，只求救活本國經濟的危險選擇。

第三項「為阻止社會動盪不安，實施高壓的內

部控制政策」的情況也日趨嚴重。中國自 2023 年 7 月 1 日起實施《反間諜法》，加強了對國民的內部控制，並且監視外國企業家的活動。我不清楚中國人是怎麼看《反間諜法》的，但在韓國人眼裡看來這真的很荒謬。如果中國人在接受外國媒體的採訪時，對政府政策提出批評意見，可能會被視為間諜行為而受到懲罰；如果中國人在社交媒體上和外國朋友聊天時，批判政府政策，則有可能會被視為「與外國間諜接觸」而受到懲罰。

　　《反間諜法》也適用於外國人和外國企業。外國企業如果為了進入中國市場而進行市場調查，可能會被視為「商業間諜行為」。在中國旅遊時，如果不小心在軍事設施附近拍到照片，可能會以「收集軍事機密」之名入獄。《反間諜法》最可怕的一點是它的適用範圍模糊不清，因此民眾的所有日常生活都有受罰的風險。

　　那麼，中國會不會真的像第五項那樣，做出最

極端的決定，對台灣採取軍事行動呢？兩位作者從未否認兩岸發生武裝衝突的可能性。因此，如果美國和盟國不做出妥善應對，中國很有可能會在經濟成長達到頂峰後開始衰退時做出「錯誤的選擇」。兩位作者的主張總結起來是「當野心和迫切感交會時，會發生最糟糕的地緣政治災難」，而未來七年很有可能將是中國的野心和迫切感交會的時期。

該書一出版就在美國引起了極大的關注。然而，中國和親中人士提出了強烈的反駁。美國是透過民主選舉選出總統的，所以制定計畫時頂多只會規劃十年左右，但中國為獨裁體制、政權不會交替，往往會以三十年或一百年為單位制定計畫。因此，有人批評這本書低估了中國的戰略性耐心。但中國的政治體制從集體領導體制變成了一人獨裁體制，因此對於中國能否像過去一樣，發揮長達三十年或一百年的戰略性耐心，我抱持很大的懷疑。自中國的政治體制變成一人獨裁體制後，一旦發生經濟危機

或經濟衰退,所有的責任都會落在國家主席身上。在這種情況下,如果中國內部的不滿情緒失控,習近平將會為了讓中國人的注意力轉移到外部,而不惜與其他國家發生衝突。

從這個角度來看,如果川普強行推進未來四年逐步停止從中國進口商品的計畫,那他也許能在經濟上孤立中國,但這勢必會使戰爭的威脅加大。如果中國真的被排除在全球供應鏈之外,那它將會變得更容易受到戰爭的誘惑。第二次世界大戰時日本襲擊美國珍珠港,就可以說是因為出於迫切感。當時,日本在入侵中國後,又入侵了法屬印度支那,並向泰國施壓,美國見此,於 1941 年 8 月 1 日將日本定為侵略國,並宣布全面禁止向日本出口石油。這導致日本的石油進口量減少了 94%。日本在認為自己走投無路的情況下,最終做出了襲擊珍珠港這個極端的選擇。

02 中國無法攻打台灣的致命弱點

如果台灣落入中國手裡，會發生什麼事情？台灣有家叫台積電的卓越企業，如果中國拿下台灣，那中國可以說將接管所有半導體的製造。中國已擁有全球第三大晶圓代工廠中芯國際，以及在 2024 年大幅提高產能、力爭將全球 DRAM 市場份額提升到 15％的長鑫存儲。在這種情況下，如果中國拿下台灣，那超乎想像的生產力和技術實力將結合在一起，很有可能會對靠半導體維生的韓國構成嚴重威脅。因此，台灣的安全不僅是台灣的問題，也是韓國的

問題。

實際上，已經有不少專家和軍事人員聲稱中國已經做好了武力侵台的準備，甚至有不少專家宣稱中國將在 2027 年武力攻台。2023 年 6 月，時任美國參謀長聯席會議主席馬克・米利（Mark Milley）曾在美國國家新聞俱樂部（National Press Club）的演說中表示「中國已計畫在 2027 年之前入侵台灣，只是國家主席習近平尚未做出最終決定」，而引發了巨大爭議。2024 年 3 月，時任美國印太司令部司令約翰・阿奎利諾（John Aquilino）也在美國眾議院軍事委員會作證時表示「在中國出現的所有跡象都表明，中國人民解放軍正在按照國家主席習近平的指示，準備在 2027 年之前入侵台灣」。

這兩個人都曾是美國國家安全的最高負責人，因此他們的發言不容忽視。至少在軍事上，中國可能會準備好在 2027 年之前入侵台灣。但中國在經濟方面有兩個致命的弱點，因此要是貿然入侵台灣，

中國經濟可能會立即陷入巨大的困境。中國正致力於在 2027 年之前改善其致命弱點，但由於有許多極其艱鉅的挑戰，將很難在短時間內全部改善。中國的致命弱點到底是什麼呢？

在此之前，先讓我們來比較一下中國和台灣的軍力。中國的人民解放軍超過 200 萬人，但台灣的軍隊只有 18.8 萬人，從兵力上來看具有壓倒性的差距，但中國目前還沒有足夠的海空軍力量來占領台灣。如果只看數字的話，中國的戰鬥機和戰艦數量比台灣多三至六倍，但這不代表其有足夠的戰鬥力能全面占領台灣，因此中國正在積極建造戰艦、擴充飛彈儲備。以中國目前的生產能力，有可能在 2027 年之前具備能壓倒台灣的進攻能力。

像這樣，中國正在以極快的速度增強軍備。然而，如果去分析地理的話，又是另外一回事了。台灣西海岸只有十三個灘頭適合登陸，這相當有利於台灣抵禦登陸部隊的攻擊。而且這十三個灘頭不僅

皆建有堅固的防禦設施，還配有短程精確導引武器、機動式岸防巡弋飛彈等強大的防禦武器來應對登陸部隊。為了對抗中國的戰鬥機和空降部隊，台灣還在全國各地建立了堅固的防空網，並制定了各種用來包圍、消滅空降傘兵的作戰方案。想要長期對抗中國龐大的軍隊當然會有困難，但台灣也沒有那麼好對付，不至於馬上就被擊潰。在這樣的情況下，只要台灣能抵抗中國三個月，戰情就有可能出現重大變化。

在了解中國的經濟弱點之前，再讓我們來了解一下中國有哪些地理弱點。首先，中國西部地區不臨海，北部也是如此，且東北地區與俄羅斯相鄰。中國通往海洋的路上都是美國的盟國或親美國家。不僅如此，菲律賓近來也有親美的態勢。因此，從中國的角度來看，要是貿然攻打台灣，很有可能會在地理上被孤立。由於這個地理弱點，一旦中國受到西方勢力的制裁，物流就會受阻，那中國將很難

繼續入侵台灣。

聽到這裡，可能會有人反駁說「俄羅斯不就受到了美國和其他西方國家的各種制裁，但還是打了很久的仗嗎？」這裡有一個非常重要的原因，那就是有別於俄羅斯，中國有兩個致命弱點：糧食和能源問題。中國聲稱其糧食自給率高達98％，但西方經濟學家根據其進出口量倒推的結果顯示，考慮到中國2021年的糧食進口量為1.6億公噸，中國的糧食自給率實際上只有76％，最低的推測結果甚至只有67％。

如果中國真的付出所有努力，那也許能使糧食自給率達到100％。中國正在將成都附近的生態公園剷平成耕地。中國政府還開始透過電視節目展開宣傳戰。中國的影音串流平臺愛奇藝製作的綜藝節目《種地吧》就是一個代表性的例子。這個節目拍攝了中國人氣偶像和演員等十名藝人在一百九十天的時間裡種田的過程，因此看上去是在拍攝藝人的

農村生活，但是節目中的指導老師一直對藝人進行思想教育，反覆強調了國家糧食安全的重要性。

除此之外，中國農民正在湧入俄羅斯的西伯利亞地區。隨著全球暖化導致西伯利亞變暖，中國人紛紛湧入了這片原本荒涼貧瘠的地區，目前正在以大規模機械化農業生產模式種植農作物，並將農作物送回中國。也就是說，中國正在將俄羅斯領土西伯利亞當成中國的糧食安全基地。2023年7月至2024年6月（中國農業年度）西伯利亞地區向中國出口的農產品較前一年劇增了五倍。像這樣，中國正在拚命確保糧食生產，因此也許真的會找到能夠自給自足的方法。

然而，能源與糧食不同，對中國來說，能源依然是一大阻礙。中國擁有許多核電廠，同時正在積極建設水力、風力、太陽能發電廠，整體能源自給率正在快速提升。中國宣稱能源自給率已經超過86％，並表示將在不久之後達到100％。當然，中

國的工廠供電和家庭供電所需的能源，也許真的會在不久之後實現自給自足。儘管如此，由於戰爭需要大量石油，因此如果想要打持久戰，石油自給率相當關鍵。目前，中國的石油自給率只有29％左右，仍有70％以上需要進口，而在進口石油當中，有很大一部分必須依賴中東地區。

如果要將中東地區的石油運到中國，就必須要經過麻六甲海峽這個戰略要地。麻六甲海峽介於馬來半島和印尼蘇門答臘島之間，是一條狹窄的海峽，也是世界上最多船隻經過的地區，但由於最窄處只有2.8公里寬，因此相當擁擠、有船舶碰撞的風險。麻六甲海峽是全球前幾大戰略要地，不僅是中國，韓國、日本和台灣也都會經由麻六甲海峽進口原油。

儘管這個說法有爭議，但有分析指出，如果中國繼續以現在的速度增強軍備，那就有可能會在幾年內具備能以武力占領台灣的軍力。但就算兩岸全面開戰，中國要連麻六甲海峽附近的制海權都拿下

基本上是不可能的事情。數年或數十年後，全球海權很有可能還是會掌握在美國手中，那就算中國在幾年內具備壓倒性的軍力、入侵台灣，只要美國封鎖麻六甲海峽，中國就會因為缺乏石油而無法把仗打下去。

雖然中國能從南方繞過麻六甲海峽，或穿過印尼蘇門答臘和爪哇島之間的巽他海峽，但這裡有澳洲撐著。這正是為什麼美國成立的各種重要軍事同盟中都一定會有澳洲。就算中國繞道，澳洲也能建立防線。此外，下方還有紐西蘭。澳洲和紐西蘭不僅與美國組成「五眼聯盟」，還簽訂《澳紐美安全條約》（ANZUS，又稱《太平洋安全保障條約》）成立了軍事同盟，所以一旦爆發戰爭，澳洲和紐西蘭必須與美國一起作戰。因此，無論中國的油輪繞得再遠，要避開美國和其盟國將中東石油運到中國並不容易。

由於這些地理弱點，中國的處境相當不利。中

國也很清楚這一點，因此一直以來都在想方設法建設原油輸送管道。中國還不斷在研究如何從陸路進口能源。中國目前正在利用 2003 年開始建設的中哈石油管道進口石油，並透過中俄原油管道中國境內的漠大線，每年從俄羅斯進口 3,000 萬噸石油。然而，中國從俄羅斯和中亞進口的原油僅占其總進口量的 20％左右，還是有 80％左右的原油得經由麻六甲海峽進口。

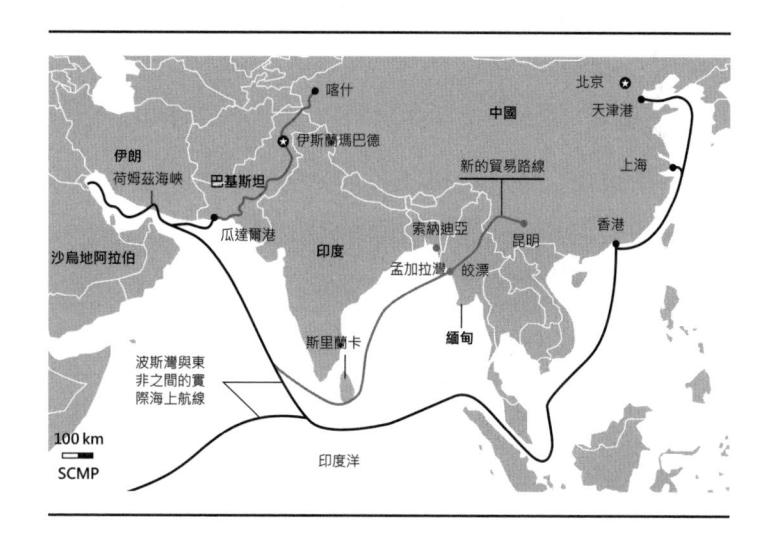

可能有人會問,既然俄羅斯是世界第二大輸油出口國,那中國是不是能多建幾條中俄原油管道來降低對中東原油的依賴。實際上,中俄兩國的關係相當值得關注。中國和俄羅斯曾經都是社會主義國家,但在競爭的過程中交手過許多次。特別是蘇聯和美國爭奪霸權時,中國就站在美國一邊,加速了蘇聯的解體。

制定這個外交戰略的人是美國前國務卿亨利・季辛吉(Henry Kissinger)。直到 2023 年辭世前,季辛吉都一再表示,只要拆散中俄兩國並拉攏俄羅斯,那美國將能在與能源和糧食都匱乏的中國展開霸權爭奪戰時輕鬆得勝。西方國家現在或許很難接受入侵烏克蘭的俄羅斯,但在國際關係本來就變化多端的冷峻現實中,中俄兩國隨時都有可能分裂。這也就是為什麼俄羅斯先向中國提議建設「西伯利亞力量二號」天然氣管道時,中國並未欣然接受。

作為替代方案,中國選擇了緬甸。中國已經建

成了一條能從緬甸進口天然氣和石油的管道。只要中國利用中緬油氣管道，就可以繞過麻六甲海峽，進口石油和天然氣。從經濟層面來看，中緬油氣管道的效率其實非常低下。儘管經由麻六甲海峽進口石油時，成本會降低許多，中國還是建設了中緬油氣管道，這麼做有很大部分原因是為了確保中國的能源安全。

中緬原油管道的輸油能力為 2,200 萬噸／年，這大約能使中國對麻六甲海峽的依賴度減少 14% 左右。但是由於經濟效率低下，且遭軍政府驅逐的緬甸民主勢力不斷威脅原油管道，中國目前對緬甸原油管道採取了冷處理。有分析結果顯示，2023 年中國利用這條管道進口的原油僅 41 萬噸。緬甸因為原油管道建設而遭受了巨大損失。緬甸為了建設這條中國想要的管道，向中國借了高達 10 億美元的外債，現在光是利息就必須每年支付中國 5,000 多萬美元，但由於中國沒有使用這條管道，導致緬甸的

原油管道過境費收入僅 1,300 萬美元／年。緬甸可以說是在替中國政府支付能源安全成本。

在這樣的情況下，中國計畫再建設一條輸油管道。當中國入侵台灣時，中緬原油管道很難說是一條安全的能源輸送管道。因為中國得先讓油輪安全抵達緬甸，才能透過原油管道將原油輸送到中國。問題是，中國的油輪得穿越印度洋。中國和印度的關係目前極度惡化，因此沒人能保證印度會在戰爭爆發時讓中國的油輪通行。所以中國最想要的石油管道，是從伊朗出發，經過巴基斯坦、穿過喜馬拉雅山，最後連接到中國新疆地區的輸油管道。其實，這項計畫從 2009 年起就不斷被提及，但到現在都還沒建成。這是因為巴基斯坦已見識過緬甸為中國建設石油管道結果負債累累，以及管道所經之處長期被分離主義勢力掌控，隨時都有可能遭到攻擊。

綜上所述，中國有糧食和能源這兩大弱點，因此要選擇武力犯台絕非易事。要是貿然入侵台灣，

結果不但沒能占領台灣，還因為糧食和能源短缺而經濟惡化，那中國的領導體系可能會動搖。因此，中國正在進一步加速中國境內的石油開發，加快核電、太陽能、水力、風力等替代能源開發與電動車普及。如果能減少運輸能源和工業用能源的石油依賴度，那多餘的石油就能用於軍事用途。如果中國以現在的速度快速進行石油開發和能源轉型，那入侵台灣的可能性必然會增加。

03 中國是否能不動用武力就占領台灣？

到目前為止，西方的軍事戰略研究所在研究台灣問題時，主要都是擔心中國可能會武力攻台。但如同前面所述，由於有糧食和能源自給的問題，中國武力攻台可能會是一場危險的賭注。那麼，當中國經濟在到達頂峰後開始衰退時，中國能做的選擇就只有武力攻台嗎？對此，美國的兩大智庫美國企業研究院（AEI）和戰爭研究所（ISW）發表了令人震驚的「戰爭遊戲」報告，指出中國可以在不打仗的情況下占領台灣。

「戰爭遊戲」通常指對多個勢力之間發生的武裝衝突所進行的模擬。戰爭遊戲會設定爆發戰爭時的詳細情境，並在考慮過軍力和各種不確定因素後預測戰爭結果。但這兩個研究所共同進行的戰爭遊戲模擬的不是大規模軍事作戰，而是高度的欺騙戰術和心理戰術。這兩個研究所花了一年的時間設計戰爭遊戲並進行模擬，結果得出了這樣的結論。

美國企業研究院和戰爭研究所擔心，為了不靠武力占領台灣，中國可能會實施四階段戰略。第一階段是在 2025 年底前引發混亂和動盪，即助長台灣內部不斷發生混亂。第二階段是在 2026 年底前挑起美國和台灣之間的衝突，第三階段是在 2027 年 5 月之前將軍事威脅提升到最高等級，第四階段是在 2027 年底之前實質控制台灣。中國的四階段戰略是一種相當縝密的心理戰術，透過在台灣製造混亂，接著引發台美衝突來孤立台灣，然後營造出兩岸即將爆發戰爭的氛圍，使台灣人危機感加劇，覺得與

其跟中國開戰，不如變成一個中國。

2027年底四階段戰略結束時，中國將召開第二十一次中國共產黨全國代表大會。屆時會決定習近平是否能連任四屆。就算沒能占領台灣，只要能讓台灣政府變得親中，習近平就會有充分的理由可以輕鬆連任。如果中國以武力攻台，將面臨台積電的生產設備被摧毀、失去台積電關鍵人才的風險，但如果中國以美國企業研究院和戰爭研究所擔心的方法占領台灣，就能完整地拿下台積電的生產設備和技術。

在這種情況下，川普當選總統會帶來什麼樣的變化呢？川普不僅將美國比喻為台灣的保險公司，還猛烈抨擊台灣都不支付保險費、只想領保險金。川普認為，如果台灣希望美國保衛台灣，就應該支付相應的費用。然而，川普不但一再迴避「如果中國入侵台灣，美國是否會保衛台灣」這個問題，還不滿地表示台灣的半導體產業搶走了美國的生意。

川普一直以來都在強調美國保衛台灣所產生的經濟利益和防務費用。隨著川普當選為總統,今後台灣和美國很有可能會因為中國發生更多衝突。如果川普要求台灣支付巨額安全費用,那台灣一向強調「一個中國」的國民黨可能會主張改善兩岸關係來捍衛國家安全,而不是屈辱地對美國展開外交。如果台灣輿論分裂,中國肯定不會放過這個機會,藉演習之名圍堵台灣,甚至進行軍事威脅。這麼一來,可能會有越來越多台灣民眾像美國智庫擔心的那樣,認為與其艱辛保衛台灣,不如安全親中。因此,台灣的國家安全問題很有可能會在川普 2.0 時代浮出水面。

　　如果美國企業研究院和戰爭研究所提出的戰爭遊戲第三階段發生,中國真的進行軍事威脅或是武力攻台,韓國經濟可能也會出現嚴重的問題。目前韓國的進口能源幾乎全部都是從中東地區出發、經過台灣海域,出口到歐洲和中東的貨櫃船也大多需

要經過台灣附近的海域。因此,韓國得開始思考當兩岸發生軍事對峙時,能夠確保能源供應鏈和物流網路的替代方案。

最具可行性的替代方案是穿越俄羅斯北部的北極航道。過去北極航道全年通航時間只有夏季四個月,利用價值相當低。但受到全球暖化影響,2020年全年通航時間變成了七個月。有預測指出,如果全球暖化以目前的速度加速,2030年將能全年通航。從韓國航行到西歐時,如果經過蘇伊士運河,不僅要航行 2.1 萬公里,還得支付通行費,但如果走北極航道,只需要航行 1.5 萬公里,速度更快、更經濟。但在爆發俄烏戰爭後,韓國與俄羅斯的關係迅速降溫,因此現在要利用北極航道並不容易。

04 美國和中國，誰將奪得海上霸權？

就如前面所述，美中霸權競爭越激烈，確保海上運輸路線這個任務就越重要。為了完成這個任務，負責保衛海上運輸路線的強大海軍力量將成為關鍵。對此，前美國太平洋艦隊情報總監詹姆斯‧法內爾（James Fanell）曾表示，未來三十年內中美爆發海戰的可能性很大，美國應該迅速加強海軍力量。美國智庫戰略與國際研究中心（CSIS）也警告，中國的海軍力量正在迅速增強，威脅著美國海軍在海上的優勢。

目前擁有世界最強海軍的國家當然是美國，而且並列第二的俄羅斯和中國的海軍力量與美國有相當大的差距。但如此強大的美國海軍也有弱點。根據美國將如何改善接下來探討的弱點，以及中國將多快抓住這些弱點，美中霸權競爭未來可能會迎來重大轉捩點。

以即時發表重大外交問題相關報告聞名的美國智庫戰略與國際研究中心2024年6月發表了一份有趣的報告。這份標題為《解讀中國海軍建設》（Unpacking China's Naval Buildup）的報告分析，中國正在迅速增強軍事實力，使得中國海軍可能在海上實力方面以超出預期的速度超越美國海軍。該報告警告，如果中國繼續以現在的速度擴張艦隊規模，而美國卻拿不出能振興造船業的措施，那中國在美中霸權競爭中勝利的可能性將逐漸增加。

美國戰略與國際研究中心對千噸級以上的海軍艦艇進行了比較。結果顯示，美國目前有219艘大

型戰艦，中國則有 234 艘，在數量上中國超過美國。當然，可能有人會反駁，從技術實力來看，美國依然占據壓倒性優勢。其實兩國的戰艦性能很難只用數字來比較。不過，船隻的總噸位相對容易比較，美國戰艦的總噸位為 460 萬噸，而中國只有 180 萬噸。也就是說，雖然中國有較多戰艦，但美國每艘戰艦的規模遠大於中國。如果把美國的各種技術實力也都考慮進去，那顯然比中國更具優勢。既然如此，為什麼美國戰略與國際研究中心會警告中國的追擊很可怕呢？

我們通常會認為，美國的技術實力遠高於中國，所以美國的一艘戰艦應該可以抵擋中國的一百艘戰艦，但是專家們可不這麼認為。美國海軍戰爭學院未來戰爭研究所主任山姆‧唐格瑞迪（Sam Tangredi）對過去一千兩百年的海戰進行了研究，結果發現在 28 場海戰中，有 25 場是戰艦數量較多的艦隊戰勝。也就是說，在海戰中，由多艘艦艇組成

的大型艦隊,通常會戰勝由少數幾艘高性能艦艇組成的小型艦隊。

這是為什麼呢?在海戰中,擁有較多艦艇的一方比較容易在剛開戰時受到攻擊,但他們能以強大的戰鬥力進行反擊。另外,有別於地面戰,海戰要同時從多個方向進行轟炸才會有利,因此船隻數量是相當重要的因素。值得注意的是,海戰打得越久,本國艦艇的生產能力就越重要,因為搶救被擊沉的戰艦或修理受損戰艦速度越快的一方,越有機會戰勝。第二次世界大戰期間的美日海戰就是一個代表性的例子。當時美國太平洋艦隊共有 10 艘戰艦,日本則有 12 艘。日本偷襲珍珠港時,美國太平洋艦隊的 10 艘戰艦中有 4 艘沉沒,4 艘嚴重受損,美國戰艦可以說全軍覆沒,但由於美國擁有強大的造艦能力,立即修復了受損的戰艦,並不斷建造了新的戰艦。戰爭結束時,美國的戰艦數量增加到了 25 艘。但同一時期,日本只建造了 2 艘戰艦。像這樣,當

海戰長期化時，壓倒性的造艦能力通常會左右勝敗。

那麼，如果美國和中國真的爆發海戰，結果會如何呢？2023 年 1 月，美國戰略與國際研究中心模擬了一場假設中國於 2026 年入侵台灣的戰爭遊戲。結果，在美中第一次大戰中，中國損失了 52 艘戰艦，而美國只損失了 7 至 20 艘。但該戰爭遊戲預測，即使遭受如此重大的損失，中國艦隊也將會利用其強大的造艦能力，不斷修復和建造戰艦，持續進行海戰。中國海軍最後全軍覆沒且未能占領台灣，但台灣軍隊受到了重創，經濟也完全崩潰。在此過程中，美國損失了 2 艘航空母艦。「就算美國的戰艦性能遠高於中國，中國的海上人海戰術還是有很高的勝算。」這是該研究中心得出的結論。

問題是，中國就連此時此刻都在以非常快的速度增加戰艦數量。具體來說，中國自 2017 年以來建造了 8 艘巡洋艦，而美國自 2016 年以來未建造任何新型巡洋艦。此外，中國約 70％的軍艦是 2010 年

後下水、相對新型的戰艦,但美國只有 25％的軍艦是 2010 年後下水的軍艦。即便美國擁有世界最頂尖的技術實力,二十至三十年前下水的戰艦技術當然比不過最新型軍艦。中國的戰艦要戰勝美國的最新型戰艦當然會有困難,但它還是能與超過二十至三十年的老舊軍艦對戰。

美國擁有世界最頂尖的航空母艦戰鬥群,因此有些人可能會對此感到納悶。但最近,美國人對本國航空母艦戰鬥群的信心正在發生很大的動搖。據說,美國的 11 艘航空母艦中,有 4 艘以上正在維修,2 艘以上正在等待部署,能立即投入戰爭的只有艾森豪號航空母艦、羅斯福號航空母艦等 5 艘航空母艦。此外,這些航空母艦中有相當多艘已過於老舊並出現意外損壞,但由於造船廠人手不足無法及時修理。

就連美國戰略與國際研究中心也評論,航空母艦在現代海戰中的作用已不如從前,且美國過於依賴航空母艦戰鬥群,這可能會在今後與中國爭奪海

上霸權時成為軟肋。當然，美國的航空母艦戰鬥群火力強大，基本上只要一艘就能隨時將地球上的任何一個國家夷為平地，但近幾年針對探測和擊沉航空母艦的技術已取得了重大發展。而且，如果敵國同時向航空母艦發射多枚飛彈和無人機，那無論有再先進的神盾艦，都很難保護航空母艦。也就是說，航空母艦在對付不具備反艦戰能力的國家時，火力仍然無可匹敵，但保護航空母艦則越來越具挑戰性。

因此，有人認為，使美中兩國海上戰力產生差距的是核潛艇，而不是航空母艦戰鬥群。截至2024年，中國只有12艘核潛艇，但美國有64艘核潛艇，還有世界最頂尖的技術實力，因此海上戰力仍然對中國有壓倒性的優勢。但中國計畫在2035年之前將潛艦數量（包含核潛艇）增加到80艘，因此美中兩國的海軍實力差距可能會隨著時間的推移而大幅縮小。當然，並不是說潛艦數量增加，中國的海軍實力就一定會超過美國，但美國戰略與國際研究中心

預測，今後在潛艦戰力上，美國將很難像現在這樣保持壓倒性優勢。

可能有人會問，技術實力最頂尖的美國比中國建造更多潛艦和巡洋艦不就行了，但事情並沒有想像中這麼簡單，因為美國的造船業其實已經崩潰。如果比較2024年各國的造船能力，中國在全球造船市場以40％的份額排名第一，其次是韓國，以35％略低於中國，日本則以20％位居第三。新船訂單量差距更大，2023年全球新船訂單量中，中國以66.6％的壓倒性份額位居第一，相比之下，美國的份額僅0.1％。中國的造船能力比美國高兩百三十倍，船舶交付量比美國多七百倍。

美國的造船能力本來就這麼弱嗎？並非如此。就算我們說美國之所以能掌控海上霸權和全球霸權，正是因為它有強大的造船業也不為過。第二次世界大戰時期，美國各地都還有許多造船廠。當時的美國擁有強大的造船能力，只要美國有心，隨時

都能建造新船。戰爭爆發後的五年裡，美國共建造了 2,710 艘自由輪。這意味著美國當時平均每天建造約 1.5 艘自由輪。同一時期，美國還建造了 1,323 艘戰艦，其中包括十幾艘大型戰艦、151 艘航空母艦和 203 艘潛艦。

而斷送了如此強大的造船業的人，正是前美國總統雷根。第一章也曾提到，雷根上任時美國陷入了經濟衰退，因此他決定專注於美國擅長的領域，實際上放棄了造船業等主要製造業。結果，美國一夕間就喪失了造船能力。此後，美國造船業靠美國政府的戰艦招標，勉強存活了下來。但造船業基礎消失，美國的造艦能力也隨著時間的推移逐漸下降。

在那之後，發生了一個為如此奄奄一息的美國造船業畫下句點的事件，那就是中國加入世界貿易組織。中國加入世界貿易組織後造船業飛速發展，而 2000 年代還有一點復甦跡象的美國造船業開始跌入更深的谷底。如今，美國已淪落為只能建造全球

0.1％的船舶的國家。直到最近,美國才意識到海軍戰力是美中霸權競爭的關鍵,因此不斷有人強調美國必須立即提升造艦能力。然而現在的美國別說是造艦能力了,就連用於及時修理舊戰艦的旱塢數量都不夠。

如果美國不提升造艦能力,那到了 2030 年代後期,問題將會變得很嚴重。中國計畫在 2030 年之前使戰艦數量增加到 435 艘,那中國的戰艦數量將變成美國的兩倍。更大的問題是,到了 2030 年代後期,中國海軍 90％的船舶將會是新船,而美國 80％以上的戰艦很有可能會變得相當老舊。即便美中兩國有再大的技術實力差距,要應付兩倍多的最新戰艦並不容易。而且如果打持久戰,所有的商業造船廠都將被投入到戰艦建造中,因此擁有壓倒性造艦能力的一方當然會更有利。就算因為技術實力差距而不斷失利,只要不停地建造戰艦、投入戰場,生產能力較高的一方通常會在持久戰中勝利。

如今美國造船業已經崩潰，再也無法像過去那樣快速地建造戰艦，因此中國今後很有可能會伺機而動。前面提過，中國無法入侵台灣的決定性原因，是美國海軍封鎖所有海運路線，使中國無法獲得石油供應而打不了持久戰。但如果2020年代後期中國戰艦超過400艘，或2030年代戰艦數量超過600艘，情況可能就會發生改變。潛艦戰力尤為重要，如果2035年中國的潛艦數量超過80艘，美國有可能無法完全封鎖中國的石油運輸線。

　　美國也非常清楚這一點，為什麼卻沒有採取任何行動呢？這是因為隨著造船業基礎崩潰，美國喪失了生產設施和生產技術。可能有人會認為，反正美國擁有全球最頂尖的先進技術，從現在開始挽救不就得了，但要在完全喪失生產技術的情況下重新取得技術絕非易事。就算從現在開始培訓現場技術人員，要讓生產能力恢復到以前的水準需要好幾十年。此外，要美國造船業在趕上韓國和中國高效的

造船業前長期承擔虧損並非易事。

如今的美國雖然想提升造艦能力,卻陷入了困境。因此,拜登政府的海軍部長曾親自訪問韓國造船廠尋求幫助。然而美國有項法案叫《瓊斯法案》（Jones Act）,該法案規定,所有在美國境內航行的商船都必須在美國建造。雖然該法案不直接適用於戰艦,但受此影響,「美國的所有戰艦都必須在美國建造」這個原則已維持了一百多年。這也就是為什麼美國會試圖吸引韓國和日本造船廠赴美設廠。但即便韓國造船廠赴美設廠,要將會用到先進技術的最新型戰艦交給韓國企業建造並不容易。因此,如果韓國赴美建設的造船廠培養出技術人員,美國造船業將會挖走這些技術人員。從韓國的立場來看,赴美設廠結果可能只會白白將技術傳授給美國。

然而,韓國要拒絕美國的要求並不容易。韓國已經在美國建設了先進半導體和電池工廠,如果又赴美建造船廠,那最後將血本無歸,令人擔憂。那

麼，有沒有辦法能將這種危機化為轉機呢？我認為，韓國造船廠可以在赴美設廠時，要求美國付出相應的代價。例如，韓國可以試著要求美國，如果要讓韓國幫助美國提升造艦能力，就要讓韓國建造核潛艇。如果錯失這個絕佳的談判機會，韓國等同於放棄能大幅提升韓國海軍戰力的機會。只要韓國能說服美國，那必須與中國爭奪海上霸權的美國可能就會判斷，讓韓國多幾艘核潛艇會對美國比較有利。

聽到這裡，可能有人會擔心中國會不會真的如美國戰略與國際研究中心所擔憂的那樣，2035年超越美國海軍、掌控海上霸權，但這其實很難說。因為中國也有嚴重的弱點。當前的中國幾乎可以說失去了成長動力，而且地方政府債務和企業債務占GDP比重還創下了歷史新高。因此，如果未來中國經濟成長大幅放緩，那中國可能會因為財政惡化，導致戰艦建造速度不如預期。

美中兩國正在展開激烈的海上霸權競爭。在如

此動盪的國際局勢中，韓國作為擁有全球頂尖造船能力的海洋強國，可以說正處於重要的十字路口。要麼將利用美中海上霸權競爭發展造船業並提升海軍戰力，要麼將在兩國之間不斷喪失國家利益。韓國終究是靠海洋生存的國家，由於三面環海，韓國得以航行到世界各地，並在這個過程中快速成長。迄今為止，美國作為唯一的海上霸權國家，維持了全球海上運輸路線的安全，韓國經濟也因此得以飛速發展。但如果美中兩國今後開始全面爭奪海上霸權，韓國有可能會迫切需要足夠的海軍實力，靠自己的力量保衛本國的海上運輸路線。

05 歐洲，俄烏戰爭的另一個輸家

自從俄烏戰爭爆發以來，歐洲與俄羅斯的關係陷入了極端對立。然而，在俄羅斯併吞克里米亞半島前，俄羅斯與歐洲的關係一度十分緊密。歐盟曾是俄羅斯最大的貿易夥伴，且流入俄羅斯的外國投資中，有三分之二來自歐盟。歐洲則會透過俄羅斯的天然氣管道取得廉價的天然氣。雖然一樣是天然氣，若透過液化天然氣（LNG）載運船進口能源，除了必須經過液化和再氣化等處理程序，還需要支付船運成本，導致能源進口單價大幅提高，相反地；

若透過管道直接進口氣體狀態的天然氣，就能大幅降低進口價格。

尤其是在 2011 年，連接俄羅斯與德國的「北溪天然氣管道」完工後，德國便可從俄羅斯進口大量的便宜天然氣。德國受惠於此，能源價格大大降低，出口競爭力大幅提升，賺進了大筆利益。

然而，2014 年俄羅斯併吞克里米亞半島之後，局勢就開始出現大幅變化。2014 年 2 月 27 日，俄羅斯特種部隊入侵原為烏克蘭領土的克里米亞半島，並掌握了主要設施；接著，在俄羅斯實際掌控下，於同年 3 月 16 日舉行了歸屬公投，並以 96.8％贊成的結果決定併入俄羅斯。克里米亞半島的人口中，其實有 65％是俄羅斯人，20％是烏克蘭人，俄羅斯人口為烏克蘭人的三倍，但是 96.8％的贊成率依然讓烏克蘭以及西方國家懷疑這場投票的公正性，而且動員軍隊突襲占領烏克蘭領土並舉行公民投票，這樣的行為在國際法上是不被允許的。

因此,自2014年俄羅斯併吞克里米亞半島起,美國與歐盟開始對俄羅斯進行制裁。然而當時對俄羅斯的制裁,僅限於與併吞克里米亞半島有關的俄羅斯政府高層,像是凍結資產、限制旅行等,制裁力道溫和且流於形式,對於俄羅斯最重要的財源,也就是天然氣與石油出口,卻沒有任何的制裁。當時的美國總統歐巴馬被外界批評對俄羅斯併吞克里米亞半島反應太慢且制裁力道過輕。然而,就連安全會受到俄羅斯併吞克里米亞半島直接威脅的歐洲,都沒有積極制裁俄羅斯。這背後的原因很明顯,如果歐洲不能再從俄羅斯進口便宜的天然氣或原油,可能會受到巨大的衝擊。

不過,自從2017年川普上任以來,就開始對歐洲表達不滿,批評歐洲國家依靠美國來維護安全,卻向俄羅斯購買大量的天然氣與石油。歐美之間的矛盾,在2018年連接德國與俄羅斯的第二條天然氣管道「北溪天然氣管道2號」的海底管道開始動工

後更加深化。川普在 2018 年 7 月的北約峰會上，強烈批判了積極推動「北溪天然氣管道 2 號」的前德國總理梅克爾（Angela Merkel）。他表示，保護德國不受俄羅斯威脅的是美國，然而德國卻成了俄羅斯的俘虜。

川普還威脅將制裁參與「北溪天然氣管道 2 號」計畫的企業，並於 2019 年 12 月簽署了制裁德國企業的法案。儘管如此，梅克爾仍強行推動工程，「北溪天然氣管道 2 號」在 2021 年 9 月完工。對德國來說，即使受到美國的制裁，也無法拒絕俄羅斯便宜能源的誘惑。

歐洲國家一邊將國防安全支出轉嫁給美國，一邊持續與俄羅斯經濟合作，將國家利益最大化。然而在 2022 年，俄羅斯武裝入侵烏克蘭，導致局勢完全改變。在併吞克里米亞半島時，俄羅斯並沒有武裝入侵，使歐洲國家普遍不認為歐洲安全受到嚴重威脅。然而，隨著俄羅斯開始武裝入侵烏克蘭，歐

洲國家開始將俄羅斯視為直接威脅，共同對俄羅斯實施了史無前例的強力且全面性制裁。

雖然制裁對俄羅斯的經濟造成不小的打擊，然而歐洲所受到的衝擊也不小。俄羅斯在歐洲開始對其制裁的 2022 年，經濟成長率為 -2.1％，呈現負成長，然而在 2023 年，經濟成長率回升至 3.6％，在 2024 年有望超過 2.8％。雖然經濟成長可能是戰爭與軍需產業所造成的錯覺，總之受惠於外部經濟成長，俄羅斯的失業率從戰爭前 2022 年 1 月的 4.3％，下降至 2024 年 7 月的 2.4％。

相較之下，歐洲所受到的經濟衝擊仍是現在進行式。尤其是對俄羅斯天然氣與石油依存度高的德國，因為能源價格暴漲，至今仍處於困境。德國的「北溪天然氣管道 2 號」在烏克蘭戰爭前不久才完工，但在俄羅斯入侵烏克蘭後，顧慮到美國以及其他歐洲國家，德國無法啟用這條天然氣管道。2022 年 9 月，「北溪天然氣管道 1 號」與「北溪天然氣

管道2號」在同日相繼爆炸，導致德國無法再從俄羅斯進口天然氣。這次的爆炸案對德國經濟造成很大的打擊，在當時引發了許多關於始作俑者的討論。德國經過長久的調查，發現幕後的黑手是烏克蘭軍隊，然而凶手早已回到烏克蘭，德國無法逮捕他。對於此事，曾獲普立茲獎的美國知名記者西摩・赫什（Seymour Hersh）主張是美國海軍協助烏克蘭設置爆裂物，這個說法引起了很大的爭議。

　　無法從俄羅斯進口便宜能源，使得德國與東歐國家的經濟遭受巨大打擊。尤其在德國，無法負荷能源價格暴漲的化學、金屬等能源密集產業，紛紛將工廠移至海外，甚至有許多企業倒閉。2024年9月，德國的國民企業福斯宣布自創立以來首次關閉部分工廠，造成了很大的衝擊。福斯關閉工廠除了受到中國的便宜電動車攻勢影響，無法負荷德國的能源價格上升也是主要原因。

　　能源價格上漲使德國整體的產業競爭力大幅惡

化，2023年德國的經濟成長率為-0.3％，2024年則為-0.2％，連續兩年負成長。換句話說，對俄羅斯實施經濟制裁的德國，比受到經濟制裁的俄羅斯，受到的打擊更大。德國一直以來是歐洲的成長引擎，然而在對俄羅斯實施制裁以來，德國的經濟走上了衰退之路，歐洲整體經濟狀況也陷入動盪。

更嚴重的問題是，從俄羅斯經由烏克蘭輸往歐洲的天然氣輸送協議在2024年底到期。即使在2022年俄羅斯入侵烏克蘭之後，俄羅斯仍透過這條管道向歐洲出口天然氣。這種看似矛盾的現象之所以能持續，是因為透過該管道，俄羅斯能夠向歐洲出口天然氣，而烏克蘭則能夠從俄羅斯收取過境費用；另一方面，支持烏克蘭的歐洲國家，正是透過這條管道進口便宜的能源。因此即便戰爭爆發，俄羅斯與烏克蘭依舊按照協議進行交易，這場荒謬的局面持續了將近三年。

然而在2024年底，俄羅斯與烏克蘭之間的天然

氣輸送協議到期。烏克蘭總統澤倫斯基不斷強調，在協議到期後，烏克蘭絕對不會延長協議。若烏克蘭不再延長輸送協議，俄羅斯不能再出口天然氣給歐洲，確實會造成衝擊，一直仰賴烏克蘭天然氣管道供給天然氣的奧地利、義大利、匈牙利等七個歐洲國家，都會面臨能源價格暴漲的困境。

隨著連接俄羅斯與歐洲的天然氣管道爆炸或中斷，最能從中受惠的國家將會是美國。美國自從頁岩氣革命以來天然氣產量大增，卻一直找不到能出口的地方。然而，隨著俄羅斯天然氣管道相繼中斷，歐洲開始放棄進口俄羅斯天然氣，將目光轉向美國的天然氣。在 2024 年前，由於美國的液化天然氣設施尚不充足，因此無法將所有過剩的天然氣出口。不過，隨著美國從 2022 年開始建造的大型設施將陸續完工，美國對歐洲的天然氣出口有望大幅增加，創造可觀的經濟利益。

這樣一來，歐洲無法從俄羅斯進口的能源，大

部分可由美國的能源取代。然而，不再有經由俄羅斯天然氣管道供給的便宜天然氣，能源進口的價格將會大幅上升。隨著便宜能源消失削弱德國等歐洲製造業強國的出口競爭力，原本已經開始衰退的歐洲有可能加速走向沒落。

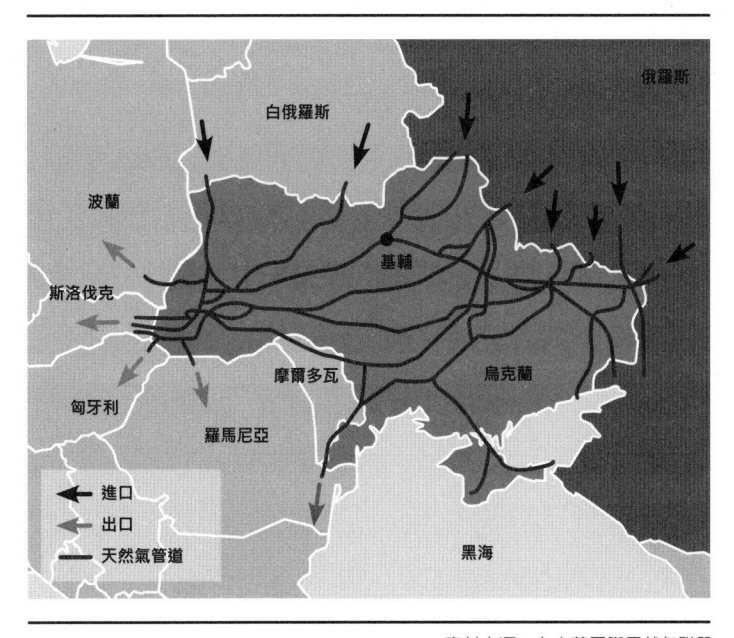

資料來源：烏克蘭國際天然氣聯盟

在這樣的情勢下，川普上任可能會使歐洲的處境更為惡化。川普可能會更強硬地要求能源改為仰賴美國的歐洲，增加北約軍費分擔或是提高國防預算。其實在川普第一任期內，歐洲對於美國的要求可以算是置之不理。然而，隨著能源的一大部分必須仰賴美國，且來自俄羅斯的安全威脅大幅增加，歐洲應該很難繼續忽視川普的要求。若要進一步增加國防支出，已因烏克蘭戰爭受到巨大衝擊的歐洲國家的經濟狀況，極有可能更加惡化。

06 中東的戰火會不會越演越烈？

　　川普在第一任期中，始終對伊朗保持敵對態度，不僅單方面退出《伊朗核協議》，更重啟對伊朗的制裁。這一系列行動的高潮發生在 2020 年 1 月 3 日凌晨，美軍在伊拉克巴格達國際機場附近，空襲炸死了伊朗革命衛隊聖城軍司令蘇萊曼尼（Qasem Soleimani）。即使蘇萊曼尼在六個小時內換了三次行動電話，他的位置仍被美軍追蹤，遭到無人機精準攻擊。蘇萊曼尼是權力僅次於伊朗最高領袖哈米尼（Ayatollah Ali Khamenei）的人物，因此這次的暗

殺行動帶給伊朗相當大的衝擊。

不僅如此，在美軍成功暗殺蘇萊曼尼的隔天，川普在 X 上表示，美國將會快狠準地攻擊伊朗的 52 處目標。他表示 52 這個數字，代表的是 1979 年伊朗革命時，被伊朗從美國駐德黑蘭大使館抓走當作人質並挾持 444 天的 52 名美國人。既然說要攻擊伊朗的 52 處目標，自然會聯想到伊朗的核設備或主要軍事設施，然而川普卻特別指出，52 處目標包括伊朗文化的重要場所。

伊朗是波斯文化的發源地，在伊朗境內，有無數具有重要歷史意義的美麗遺跡，像是古波斯的首都波斯波利斯，伊斯法罕市中心的伊瑪目廣場等，光是被列入世界文化遺產的就有 26 項，是全球前十大擁有最多世界文化遺產的國家。川普公開威脅要轟炸這些重要文化遺產，在全球引發巨大爭議。最終，在國際譴責與美國國防部反對聲浪之下，他在 1 月 7 日撤回了對伊朗文化遺產的攻擊威脅。

而在 2024 年大選造勢期間，川普強烈地批判拜登政府，表示由於拜登對伊朗軟弱的政策，導致以色列遭受報復攻擊，再加上副總統賀錦麗提供伊朗金援，使得伊朗向全世界出口恐怖主義。川普所指的「提供伊朗金援」，正是韓國向伊朗購買石油的 60 億美元貨款。這筆資金原先是韓國向伊朗購買石油必須支付伊朗的費用，但因為美國突然對伊朗實施制裁而被凍結。然而拜登政府為了使伊朗釋放被扣押的美國人質，解除了對這筆貨款的凍結制裁。川普與賀錦麗之間的政治鬥爭，韓國可說是莫名被捲入。

川普 2.0 時代的中東情勢，應該會與川普第一任期時有很大的不同。隨著以色列—哈瑪斯戰爭擴大，甚至可能演變為以色列—真主黨戰爭，中東地區的緊張情勢明顯升溫。如果川普依然強硬對待伊朗，中東情勢很有可能發生劇變。2024 年 4 月，以色列轟炸位於敘利亞的伊朗領事館後，仍然持續發動攻

擊,而伊朗則極力避免在美國大選前全面開戰。其背後的原因,有部分是因為伊朗迫切想回到國際社會。如果賀錦麗當選總統,美國應該會重返《伊朗核協議》,並解除對伊朗的經濟制裁。因此,為避免引發可能使川普當選機率提高的中東緊張局勢,伊朗選擇了戰略性克制。

有一件事可以證明伊朗有多希望賀錦麗當選。伊朗的駭客曾駭入川普陣營,竊取川普的資料寄給民主黨相關人士。這件事在 2024 年 9 月因為 FBI 與美國情報機構公布搜查結果而曝光。對此,川普立刻表示伊朗想暗殺自己,並利用這點當作 2024 年大選活動的主要外交議題。結果,與伊朗盼望的不同,川普當選美國總統,伊朗的駭客反倒讓民主黨陣營惹禍上身。伊朗草率介入美國大選,使得伊朗與川普之間關係改善的機會更加渺茫。

另一方面,以色列 2022 年的大選中,由納坦雅胡(Benjamin Netanyahu)領導的聯合黨在以色列國

會 120 席次中只拿下了 32 席，為了得到過半席次，納坦雅胡與多個極右派政黨結盟，組成了聯合政府。然而在哈瑪斯的突襲開始後，極右派政黨要求對加薩地區及真主黨採取強硬態度，甚至威脅納坦雅胡，若與哈瑪斯達成停戰協議，他們就會立刻解散聯合政府。對納坦雅胡來說，如果聯合政府解散，他就必須重新組建政府，但他實際上已經沒有其他政治盟友，這意味著他將不得不提前舉行大選，由於當前局勢不利，他極可能在大選中失去權力；如果達成停火談判，他的政治生涯極有可能就此終結，這使得他在戰爭與政治存亡之間進退兩難。

問題在於，以色列的軍事系統和經濟結構並不適合長期戰。在以色列迄今為止經歷的四次中東戰爭中，只有稱得上是以色列建國戰爭的第一次中東戰爭算是長期戰。第一次中東戰爭始於 1948 年以色列宣布建國，持續了十三個月，當時的以色列為了建國不惜一切展開長期戰。後來的第二次中東戰爭

只持續了一週,第三次的中東戰爭則被稱為六日戰爭,持續時間極為短暫。而即使是讓以色列陷入苦戰的第四次中東戰爭,也不過持續了三週。

以色列很難打長期戰的第一個理由是人口問題。比起周圍的阿拉伯國家,以色列人口少且資源有限,很難打長期戰。以色列的常備軍僅約 18 萬人,預備役約 40 萬人,目前的作戰方式是輪流派常備軍與預備役上戰場。然而,預備役是以色列經濟活動的主軸,若他們長久在戰場上作戰,對經濟的打擊不容小覷。儘管以色列的人口有 990 萬人,排除掉拒絕服兵役的正統派哈雷迪猶太教徒,以及不能要求他們服兵役的阿拉伯裔後,能夠服兵役的實際猶太人口只有 690 萬人。在此次戰爭中,包括常備軍和預備役在內約有 60 萬人被徵召。

以色列能夠壓制哈瑪斯的主要原因,是因為加薩地區的人口僅有 200 萬人,且在以色列長期封鎖下,居民大多非常貧困,僅能勉強維持生計,完全

沒有經濟能力支援哈瑪斯。根據聯合國貿易和發展會議（UNCTAD）的預估，加薩地區200萬居民的整體GDP，在2024年第一季僅為9,200萬美元。若照此預估，2024年加薩地區的GDP甚至達不到4億美元。相較之下，以色列的GDP高達5,574億美元，是加薩地區的近一千四百倍。此外，哈瑪斯的戰鬥人員只有4萬人，且武力水準僅相當於地區民兵，相比之下，以色列的60萬兵力，對於只有4萬兵力的哈瑪斯來說，具有壓倒性的數量優勢。再加上美國大量提供砲彈、子彈與飛彈，兩者之間的火力差距更是呈現一面倒的情況。儘管戰力差距懸殊，以色列―哈瑪斯戰爭仍持續超過一年，反映出城鎮戰的複雜性與困難度。

以色列的第二個攻擊目標真主黨，從經濟實力與人口規模來看與加薩地區類似。黎巴嫩的人口推估約為600萬人，然而其中為真主黨的什葉派約為180萬人。黎巴嫩的人均GDP為3,280美元，雖比

加薩地區稍高，然而僅相當於以色列的 5.6%。真主黨的兵力規模也與哈瑪斯相當，約為 4 萬人。不過，真主黨握有比哈瑪斯多好幾倍的飛彈及火箭彈，並且擁有少量哈瑪斯沒有的裝甲車。以色列看起來很強大，某種程度上是哈瑪斯與真主黨的兵力規模、武裝水準以及經濟實力太差的緣故。

然而，令人驚訝的是，以色列與只有 4 萬兵力且沒有坦克或裝甲車的哈瑪斯交戰了一年，導致以色列經濟受到很大的影響。長期戰爭帶來的不確定性增加，使以色列企業的投資減少至原先的三分之一，而哈瑪斯與真主黨的頻繁攻擊，癱瘓了以色列主要的出口港，導致進出口貿易大幅減縮。雖然以色列中央銀行已將 2024 年成長率估值由 2.8% 下調至 1.5%，這個數字還是因為有美國的大量援助與軍需產業的繁榮所帶來的錯覺。部分的經濟學家警告，若戰爭持續下去，2024 年以色列成長率可能會創出歷史新低。

在這樣的情況下，國際社會與拜登政府持續向以色列施壓停戰，造成納坦雅胡很大的壓力。實際上，拜登政府全面支援以色列的行動，許多人認為很不像民主黨的作風。2024 年美國援助了超過 200 億美元的戰爭資金，還毫無保留地援助了大量的武器、砲彈與彈藥。即使是以色列，如果沒有美國的全面援助，也很難長期支撐這場戰爭。然而，以色列—哈瑪斯戰爭已導致超過 4 萬名巴勒斯坦人死亡，其中 53％是女性與兒童，民主黨的傳統支持者因此對於拜登全面支援以色列感到強烈不滿。

在國際社會與美國內部輿論壓力下，拜登政府，尤其是副總統賀錦麗，開始對納坦雅胡強力施壓，要求停戰。對於進退兩難的納坦雅胡來說，賀錦麗的施壓有如眼中釘。令納坦雅胡更加擔憂的，是大選結束之後的局勢。在大選前，由於選舉資金等各種原因，賀錦麗不得不順從納坦雅胡。然而若賀錦麗當選，她會聽從民主黨的支持者，勢必將中斷或

削減對以色列的全面援助。這樣一來以色列將無法負擔龐大的軍事支出,還有每天送往前線的大量砲彈與飛彈。

在這種棘手局勢之下,川普的當選不僅讓納坦雅胡的政治生命得以延長,也為未來中東秩序帶來很大的變數。另一方面,目前以色列的人口結構問題極為嚴峻,總人口 990 萬人中,哈雷迪教徒有 120 萬,阿拉伯裔人口有 180 萬,相當於總人口的約 30%,然而在二十五年後的 2050 年,這個比例可能增加至 47%。以色列的經濟支柱兼主要兵力來源的世俗猶太人生育率只有約 1.9,阿拉伯裔在 3.0 左右,正統派猶太人哈雷迪則為 6.5。

問題是,阿拉伯裔及哈雷迪並不像世俗猶太人一樣積極參與經濟活動,阿拉伯裔因為有許多不利的條件,在以色列很難從事可比擬猶太人的經濟活動,哈雷迪則是拒絕世俗的教育系統,執著於獨有的宗教教育,甚至還有拒絕從事任何經濟活動,堅

持維護信仰生活的信徒，所以有許多人是幾乎沒有收入的。他們大多仰賴以色列政府所提供的補助過活，因此若阿拉伯裔與哈雷迪繼續維持高生育率，人口比重不斷增加，未來以色列的經濟成長率勢必會停滯。

若哈雷迪人口大增，未來以色列國防兵力還可能大幅惡化。哈雷迪因宗教因素拒絕服兵役，由其他的猶太人負責服役。目前哈雷迪的人口比重仍較少，所以世俗猶太人繼續忍受，但若未來哈雷迪人口比重越來越大，世俗猶太人就可能群起反抗。以色列的人口組成將使其經濟與國防能力隨時間更加惡化。正是出於這種迫切的危機感，以色列極右派希望在國力惡化前，先行剷除可能威脅國家未來的哈瑪斯和真主黨，並且削弱伊朗的核武與攻擊力。

若美國持續援助，包括財政、武器及砲彈，即使會花上一點時間，以色列將能削弱哈瑪斯與真主黨勢力。以色列的兵力規模與哈瑪斯及真主黨有很

大的差距,且武器的性能與等級也相差甚鉅。然而,伊朗的情況不一樣,伊朗有 9,000 萬人口,是以色列的九倍左右。伊朗的正規軍、革命衛隊以及預備役加起來總共有 400 萬人,兵力是以色列一直以來所對付的哈瑪斯或真主黨的一百倍。伊朗與連一台坦克都沒有的真主黨不同,可說是具有完備武器系統的正規軍。除此之外,以色列與伊朗的主要都市間最短距離有 1,200 公里,不像與哈瑪斯或真主黨國境接壤,要發動攻擊很困難。

總結來說,以色列若想要消除伊朗的核設施或是削弱其攻擊能力,除了美國的武器與砲彈援助外,還需要美國的直接介入。然而對一般的美國總統來說,照著以色列的期望直接參與對伊朗的中東戰爭可能性極低。伊朗的國土遼闊,人口眾多,就算是美國,如果惹了伊朗,很有可能陷入如阿富汗戰爭般漫長的泥沼之中。除此之外,若將伊朗完全視為美國的敵人,卻無法推翻伊朗政府,則等於是讓世

界第三大原油儲量的伊朗與中國靠攏，可能會對未來美中之間的霸權競爭帶來負面影響。

然而，曾在 2020 年宣稱要摧毀伊朗文化遺址的川普，很常做出即興的決策，且對伊朗抱持強烈的排斥態度，所以川普會對伊朗採取何種行動仍是未知數。此外，由於川普的主要支持基礎，是美國國內強烈要求全面援助以色列的福音派基督教徒，更使得局勢不確定性進一步加劇。還有一點需要特別留意，那就是川普的主要政治金主是石油公司。受到 2024 年底經濟衰退疑慮影響，國際油價下跌，美國的石油企業面臨著嚴峻挑戰。如果中東局勢因戰爭或衝突升溫，導致油價上漲，對這些企業反而是一種利多。此外，如果中東地區發生戰爭或局勢進一步惡化，沙烏地阿拉伯等親美的中東國家可能會增加採購美國武器。因此，重視國家利益的川普會對伊朗採取什麼樣的決策，值得持續關注。

即使短期內中東情勢惡化，甚至是發生第五次

中東戰爭,對美國而言都不會是一件壞事。然而若戰爭持續拉長,狀況就會完全不同。如果川普積極援助以色列,穆斯林對美國的反感情緒勢必會更加升溫,在這種情況下,即使是親美的中東君主制國家,也可能難以忽視人民的不滿。如果中東地區對美國的不信任感持續增加,中國與俄羅斯就越有可能趁虛而入。川普未來四年任期中如何制定中東政策,不只會影響能源價格,更可能對美中霸權秩序造成重大影響。

第三章

經濟：史上最富足的時代正在動搖

01 富裕的歐洲,為何走向貧窮?

對我們來說,歐洲長期以來一直是財富的象徵。歐洲擁有無數的文化遺產,代表著優雅而令人嚮往的生活方式。然而,現在卻頻頻傳出歐洲正在走向貧窮。更令人擔憂的是,其速度正在加快。由於情況嚴峻,法國總統馬克宏(Emmanuel Macron)不得不向全歐洲發出緊急宣言。他強烈警告,如果不立即徹底改造歐洲,就無法阻止歐洲的沒落。目前雖然是歐洲率先進入衰退,但在未來數年內,韓國的情況可能會比歐洲更糟,因此正確了解歐洲變得貧

窮的真正原因，比任何事情都更加重要。

如果將代表歐洲的股票指數 STOXX 600 與美國的股票指數相比，就會發現很大的差異。STOXX 600 在 1999 年時為 500.35 點，到了 2024 年 10 月為 528 點，25 年來只上漲了 5.5％。同樣期間內，美國的 S&P 500 指數上漲了四倍。大家經常覺得股票指數不停陷入箱型整理區間，其實大部分先進國家都是如此。除了美國，股價持續上漲的先進國家可說是不存在。股市是實體經濟的先行指標，股價上升率差距如此大，也代表著實體經濟的差距有多大。

過去的歐洲強國正在以極快的速度走向貧窮。根據《華爾街日報》的報導，法國較以往消費更少鵝肝與葡萄酒，西班牙的橄欖油消費量也減少了。尤其在德國，肉與牛奶的消費量降至三十年來最低。該篇報導還引用了歐洲國際政治經濟中心（ECIPE）的預測，若歐洲快速地走向貧窮，到了 2035 年，美國與歐洲的差距會像現在的日本與厄瓜多一樣。

第三章　經濟：史上最富足的時代正在動搖　167

　　在 2008 年，美國與法國的人均 GDP 分別為 4.8 萬美元與 4.5 萬美元，差異並不大。然而十五年後的 2023 年，美國的人均 GDP 大幅上升至 7.6 萬美元，法國反而下降至 4 萬美元。美國的人均 GDP 漲幅約 58%，法國的跌幅則約 10%。那麼，法國是唯一人均 GDP 減少的歐洲國家嗎？實際上，就連歐洲經濟強國德國的情況也一樣。德國的人均 GDP 在 2008 年為 4.6 萬美元，2022 年則為 4.8 萬美元，幾乎沒有變動。

　　為什麼歐洲會停止成長？根據《華爾街日報》判斷，人口老化是主要原因。接著還有新冠疫情肆虐、俄烏戰爭，導致歐洲真正走向貧窮。20 世紀著名的未來學家彼得・斐迪南（Peter Ferdinand）曾在 1990 年代尾聲預測，歐洲會在三十年內成為貧窮國家。另外，他還警告，南歐國家如義大利等，說不定會消失在地圖上。彼得・斐迪南會在 1990 年代尾聲預言歐洲沒落，正是因為歐洲的人口結構。

直到 1980 年代,歐洲的生育率都比美國高,然而到了 1990 年代後半,美國的生育率維持 2.1,歐洲卻快速下跌至 1.46。彼得‧斐迪南在當時已預測到,即使 1990 年代的生育率下降不會馬上造成歐洲經濟走下坡,然而當這一代長大成人,也就是約二十年後,歐洲的青壯年人口將大幅減少,導致歐洲經濟無法繼續成長,逐漸走向沒落。那韓國呢?在不遠的未來,韓國的情況應該會比歐洲更嚴重。2022 年,歐洲的生育率維持在 1.46,而韓國卻降低至 0.78[3]。生育率比我們先開始下降的歐洲正快速走向貧窮,韓國如果不馬上開始著手解決迅速減少的人口問題,未來幾年內會面臨比歐洲更悽慘的痛苦。到了 2030 年代,說不定韓國還會羨慕 2020 年代就開始沒落的歐洲。

　　我們再來看看歐洲的經濟狀況。事實上,毫不

---

3 編注:根據台灣內政部的統計資料,2022 年台灣的生育率為 0.87。

誇張地說，歐洲已經不再出現創新技術，因此有些評論稱歐洲已經淪落為美國的數位殖民地。歐洲不再有創新技術的根本原因，正是人口結構惡化，身為創新主力的年輕人正在消失。年輕人是提出新想法並創業的關鍵，而且只有年輕人數量夠多，新產品問世時才有第一批使用者來測試並進行評價，也就是所謂的「測試市場」。然而隨著高齡化的加劇，平均年齡不斷上升，負責創造和測試新產品的主體正在逐漸消失。

另一個問題是歐洲的投資與研究開發預算遠低於美國。美國的聯邦政府很強勢，國家級的研究開發預算充沛，且企業也投入大量資金進行研究開發。2023 年美國的研究開發投資規模達近 1 兆美元，歐盟則為 3,520 億歐元（約 3,769 億美元），還不到美國的一半。此外，美國可以統一管理研究開發投資，歐洲則是各國分別進行，因此在效率上大打折扣。美國致力於開發世界上尚未存在的尖端創新技術，

歐洲不夠充足的研究開發預算,則實際上多半運用在改善工程或是減少會員國之間的差距。

從研究開發角度來看,韓國的情況比歐洲更嚴重。韓國的研究開發投資規模為 1,100 億美元,以國家規模來看,和其他國家相比並不算少,然而這主要歸功於民間投資。2024 年國家研究開發預算比 2023 年少了 14.7％,僅約 190 億美元。這導致不少從事基礎科學研究的主要研究人員,因為擔憂就業問題而往海外求職。尤其是 AI 半導體應用技術開發預算被刪減了 75％,對韓國 AI 創新生態系統來說造成了不小的打擊。這也顯示,韓國政府對研究開發有多不重視。

歐洲的另一個問題,則是無力抵抗美國的數位侵略。美國透過放寬規範、促進競爭,推動平臺革命,相較之下,歐洲對數位產業的規範則是從一而終。當下看似是在保護本國產業,然而終究會導致反效果。還留在歐洲的創新年輕人們,即使試圖打

造自主平臺，也會因歐盟的規範而受到限制，導致再怎麼創業都無法成為全球化企業。

這樣的結果，就是想要創新的年輕人們紛紛離開歐洲，前往美國發展。歐洲因為維持這樣保守的防禦性政策，使其逐漸淪落為美國的數位殖民地。截至 2024 年 6 月，Google 在美國的市占率為 87.5％，在歐洲的市占率則為 91.4％。美國有源源不絕的新創企業出現，挑戰爭奪 Google 的市占率，然而在歐洲，幾乎沒有新企業挑戰 Google，導致 Google 在歐洲的市場支配力比在美國的更穩固。

美國與歐洲之間另一個決定性的差異，則是美元霸權。由於美元的強勢地位，即使歐洲努力想讓歐元成為國際準備貨幣，也難以與美國匹敵。具有貨幣霸權的美國能在反覆的危機中大量印製美元，比歐洲更快自危機中恢復，導致貨幣成為決定美國與歐洲命運的最重要因素。最戲劇性的時刻是 2008 年全球金融危機。金融危機明明是從美國引爆的，

但美國大量發行美元，很快克服了危機，而受到波及的歐洲，從 2009 年希臘危機開始，金融不穩定的情況擴散至愛爾蘭、葡萄牙及義大利，到了 2012 年，整個歐元區都經歷了經濟衰退。由於歐元不是霸權貨幣，因此無法像美國那樣隨意印鈔來應對危機，使得其復甦速度遠不及美國。

因此，法國總統馬克宏提出一系列振興歐洲的計畫，首先是將研究開發支出增加至兩倍，再來則是大幅放寬產業規範，尤其是針對新創產業。接著是推動歐洲資本市場發展，使其成長至可媲美美國。最後則是希望藉由上述措施，改變歐洲人普遍保守且迴避風險的性格，打造一個勇於挑戰的歐洲。乍聽之下，為了振興歐洲，這些措施都是必要的，然而考慮到歐洲的政治結構，要取得其他會員國的一致同意並不容易。歐盟與美國的聯邦制度不同，不存在強而有力的政府，往往會出現一個國家要求創新，其他國家卻不停扯後腿的情況。對於創新持反

對意見的代表性國家正是德國。德國仍高度仰賴傳統製造業，因此會為了保護本國產業，強力反對放寬規範。歐盟放著眼前的危機不管，國家之間不願互相合作，甚至還互扯後腿，使歐盟逐漸走向沒落，令人不勝唏噓。

歐盟的這般模樣，讓我不禁去思考韓國的情況。如今，韓國似乎越來越偏離尋找拯救韓國的正確道路，而是根據政治立場分裂陣營，只要不是自己陣營提出的政策就一律反對。實際上，若是正確的政策，就應該同心協力推動，若經濟面臨困難，則應該集思廣益好好研究。如果只將政黨偏好視為優先考量，很難做出真正對國家有益的正確判斷。

02 英國因貧窮引起的大規模暴動

　　2024 年 7 月，英國的各大城市開始出現大規模暴動。當時暴動的情況非常嚴重，有人形容英國從「紳士的國度」墮落至「野蠻人的國度」，甚至有部分國家對人民前往英國旅遊發出警告。在韓國，媒體多半將其報導為反難民的極右派暴動，但這並非事件的全貌。由於英國經濟急速惡化，許多青年失去工作，最終導致他們將積壓許久的憤怒發洩在外國移民與難民身上。雖然英國政府的打擊行動在某種程度上減少了騷亂，但若沒有解決英國青年的

貧窮問題，未來很可能會演變成更嚴重的衝突。

　　英國的暴動一度相當嚴重。全國各地接連發生殘暴的騷亂，暴民焚燒警車、翻倒車輛並縱火，令警方在鎮壓過程中遭遇巨大困難。許多人甚至向警察發射點火的煙火，並使用各種暴力手段對抗執法人員。更令人震驚的是，連普通市民都成為攻擊目標。暴民在街道中央攔截來往車輛，檢查駕駛者的身分，若發現不是白人，便想方設法將人強行拖下車，砸毀車輛或縱火焚燒。雖然英國政府強力鎮壓，強制解散示威群眾，逮捕涉嫌煽動暴動的一千多名嫌犯，暫時平息了大規模暴動，然而種族歧視犯罪仍急遽增加，使女性非常害怕於夜間外出，造成社會恐慌。

　　那麼，究竟為什麼會發生這樣的暴動呢？導火線是發生在兒童舞蹈教室的殺人案。2024 年 7 月 29 日，在英國的西北部，一名 17 歲少年持刀行凶，造成三名兒童死亡，十名兒童受傷。由於犯人為未成

年人,英國政府根據原則不公開犯人身分,僅公開了法庭畫像,然而社交媒體上卻謠傳著犯案少年是穆斯林的猜測,最終引發了暴動。後來,英國法院破例打破原則,公布了少年的身分。

該少年的父母來自盧安達,出生於英國威爾斯。雖然沒有明確公開宗教信仰,但是盧安達基督徒占50%,天主教徒占44%,伊斯蘭教穆斯林約占2%。因此,聲稱犯人為穆斯林是毫無根據的推測。然而,輿論卻開始走向少年為移民子女,反而使暴動更加嚴重。

這場暴動也讓人們看見了新媒體時代黑暗的一面。來自四面八方的不特定群眾透過社群媒體鎖定攻擊目標,實際襲擊了三十幾處移民中心與收容設施。隨著類似的暴力行為蔓延至英國二十幾座城市,全國幾乎陷入24小時不間斷的暴力示威當中。社群媒體不僅成為錯誤資訊的溫床,也被用來分享攻擊目標。當這一事實曝光後,英國首相公開批評

社群媒體，指責它們是散播虛假消息的源頭。然而，有人對此感到不滿，那就是特斯拉與 X 的執行長伊隆‧馬斯克，他在自己的 X 帳號上轉發了示威場面，並上傳了文字表示「內戰是無法避免的」。在英國各地暴動不斷的情況下，他的舉動簡直是在火上澆油。對此，英國司法部長表示內戰是不可接受的，並特別指出伊隆‧馬斯克身為全球社群平臺的擁有者，他的行為應該更有責任感。

表面上看來，這是一起因假新聞引起的反難民、反移民暴動，然而造成暴力示威的根本原因並不在此，而是英國近年來變得太貧窮了。更糟的是，許多英國人誤判貧困的根源，將其歸咎於加入歐盟，最終做出了脫歐（Brexit）的決定。這個錯誤的選擇不但沒有解決經濟困境，反而加速了英國的沒落。

以下我會說明這次英國發生暴動的原因。在脫歐之前，英國曾是許多難民的最終目的地。當來自中東或非洲的難民抵達歐洲時，英國往往是他們最

嚮往的國家。當時，相較於其他歐洲國家，英國就業機會較多，再加上官方語言為英語，難民較容易融入社會。許多難民認為只要學會英語，他們的子女未來也有機會前往其他國家發展，因此許多由南歐進入歐洲的難民持續向北移動，試圖抵達英國。許多英國人的不滿主要源自一種觀點。他們認為歐洲大陸的國家不僅沒有阻止難民湧向英國，反而還為他們開路，助長了這股移民潮。這種對歐洲大陸國家的長期不信任，最終成為英國脫歐的重要推動因素。

然而，當英國真的脫歐後，英國的經濟狀況卻變得更加嚴峻。因為脫歐，英國與歐盟之間產生了貿易壁壘，使得通關程序變得複雜且耗時，導致越來越多歐盟國家將英國自供應鏈中排除。英國脫歐的不確定性，也造成許多跨國企業將歐洲總部從英國遷至其他歐盟國家，近來甚至有英國企業將母公司遷至歐盟國家。英國曾擁有大量來自歐盟國家的

人力，如今卻礙於政策而面臨勞動力短缺。

根據英國政府的正式報告，脫歐將導致英國的經濟成長率在十五年內下跌2%至8%。有些論點則認為，從長遠來看，英國的經濟損失將更加嚴重。舉例來說，英國的預算責任辦公室（OBR）預測，長期來看，脫歐將使英國的GDP每年減少4%。英國的國民所得（GNI）在2007年超過5萬美元，比當時美國的4.7萬美元更多，然而到了2022年卻減少至4.6萬美元，僅為美國的三分之二。

過去十七年來，英國不只變得更貧窮，貧富差距也在擴大。這意味著低收入家庭的生活將變得更加困難。BBC曾在2023年報導，英國生活在貧窮線以下的人口增加幅度，創下了三十年以來的新高。《衛報》也在2023年報導，英國生活在貧窮線以下的人口達1,200萬人。在英國，生活於貧窮線以下，指的是收入低於中位數所得的60%，無力負擔食物、居住及乾淨安全的飲用水等基本生活必需品。在這

種情況下，兒童的處境相當令人擔憂。《衛報》指出，英國有高達三分之一、約430萬名兒童，恐生活在貧窮之中。英國目前的經濟狀況已經惡化到難以收拾的局面。

還有另一項證據，能夠證明暴動的主因是英國整體陷入貧窮、貧富差距持續擴大造成的。根據英國《旁觀者》週刊的報導，發生暴動的二十幾個城市，過去十三年來的就業機會與環境完全沒有改善。舉例來說，羅瑟勒姆的失業率從16％上升至18％，哈特普爾的失業率則從21％上升至23％，接近四分之一。此外，青年失業率更加嚴重，在某些地區，幾乎每兩名年輕人就有一人失業。這也是英國的暴動能夠持續24小時的部分原因。儘管現在暴動似乎已經平息了，但由於根本問題尚未解決，未來極有可能再次成為問題。

目前，英國的移民問題仍然相當嚴重。英國選擇脫歐的一個主要原因，可以說是因為反對移民與

難民流入英國；然而在脫歐後，進入英國的移民與難民不減反增。根據英國政府的移民數據統計，在脫歐前的 2015 年，英國的合法移民共有 65 萬人，其中來自非歐盟國家的共有 36 萬人，然而到了 2022 年幾乎翻了一倍，達 120 萬人，來自非歐盟國家的共有 93 萬人，是脫歐前的二點五倍以上。

在脫歐之前，英國接受大量來自南歐和東歐等歐盟國家的移民，但是隨著英國脫歐，這些移民大多選擇返回自己的祖國，導致英國出現相當嚴重的勞動力短缺。為了解決這個問題，英國開始從非洲和中東引進大量低薪移民，以填補勞動市場的空缺。那麼，進入英國的難民數量有減少嗎？答案是沒有。2023 年，英國接受了 6.2 萬名難民，是英國自統計以來最高的數字。

根據牛津大學針對移民人口來英目的的調查，絕大多數受訪者的回答是求職。這造成了英國人與移民之間無可避免的就業競爭。當有大量廉價勞動

力流入，必須與此競爭的英國青年，不是失業就是被迫從事低薪工作。老一輩的成年人已經是熟練的勞工或正式員工，然而青年世代缺乏工作經驗，因此勢必會受到衝擊。英國的政治圈與老一輩想運用廉價外國勞動力，而對外國勞工敞開大門，卻忽視了英國青年的就業困境，使他們的憤怒不斷累積。

在鎮壓暴動的過程中，英國政府採取十分強硬的措施，嚴懲煽動示威的主導者與示威群眾，暴動才能暫時平息下來。雖然制止暴動十分重要，更關鍵的是解決英國的低所得群體問題，尤其是青年失業問題。若無法從根本解決，英國就無法擺脫貧窮與暴動的惡性循環。這次的反移民暴動發生在英國，但如今許多歐洲國家都面臨著相似的問題。隨著經濟成長率大幅下降，青年失業率大幅上升，人民的不滿聲浪正在逐漸擴大。

這也可能劇烈動搖歐洲的政治格局。在歐洲議會與各國選舉中，主張反移民、反難民、反全球化

的極右派勢力將有更大的機會掌權。由於歐洲的左派與右派長期以來都對移民採取寬鬆政策，越來越多年輕人開始將選票投給極右派政黨，因為他們認為只有極右派能真正反映自己的利益。如果主流的左派與右派繼續無視年輕人的訴求，那麼未來極右派執政的國家將會越來越多。若真如此，不僅歐洲的移民政策將更加嚴格，至今推動世界經濟成長的全球化浪潮也將大幅倒退。

在這樣的局勢下，川普的當選會更進一步刺激歐洲的極右派勢力。短期來看，極右派或許會樂見川普當選，因為他的反難民和反移民政策與他們的立場相似。然而，如果川普比第一任期時更強調美國優先，那歐洲可能也會採取強調本國優先政策，最終與美國對立。這很可能是國際秩序中一個新的不穩定因素。對韓國來說，自 1980 年代後期開始的全球化浪潮，曾帶動國家經濟高速成長，若美國與歐洲等主要國家都開始轉向本國中心主義，韓國很

可能會受到極大衝擊。

　　關於移民政策，英國的例子為我們帶來很大的啟示。對老一輩來說，由於擁有豐富的經驗，對從海外引進勞動力的抵觸情緒相對較小，而對年輕人來說，由於缺乏工作經驗，必須與外國的廉價勞動力競爭，抵觸情緒自然較大。韓國的生育率是全球倒數，正面臨著嚴重的勞動力短缺問題，政府卻不斷採取權宜之計，透過僱用菲律賓幫傭、外國工人許可證制度等方式引進海外勞動力。這樣的作法可能會像歐洲一樣，加深老一輩與青年世代之間的矛盾，甚至最終導致和英國相似的大規模社會動盪。政府必須仔細思考如何從問題根源制定長期計畫，有效應對勞動力逐漸減少的問題。

03 中國能透過「輸出貧窮」成功克服危機嗎？

目前中國的經濟成長率正以極快的速度下降。習近平剛開始擔任主席時,中國的經濟成長率為7.8％,但是在那之後,從2013年至2021年,中國經濟的年均成長率降為6.6％,顯示其成長動能放緩。尤其在疫情時期,經濟成長率經歷相當大的波動,2020年為2.3％,2021年則回升至8.4％。2023年,隨著疫情趨緩,各界期待中國的經濟成長率會因重新開放而大幅提升,然而實際的成長率只有

5.2％。2024 年，中國官方公布的經濟成長率估值約為 5％，但根據日本《日經新聞》針對中國經濟學家所進行的問卷調查結果，中國的經濟成長率估值約為 4.7％。中國的經濟成長率為什麼會突然下降呢？對中國來說，成長率 4.7％是令人驚訝的數字。這就好比全速奔跑時突然撞到牆會受到嚴重傷害一樣，經濟成長率突然放緩會造成巨大的衝擊。

中國經濟成長率下降的關鍵因素，是因為國內消費市場（內需）比過去任何時期都來得低迷。2024 年 6 月零售銷售年增 2.0％，遠低於市場預期的 3.4％。近來，因為中國官方統計數字的可信度存疑，全球企業乾脆開始自己推測內需估值。根據榮鼎集團（Rhodium Group）統計的結果，2024 年初中國的內需增長對 GDP 成長的貢獻度不到 1％。

中國人不再消費的理由，是因為房價大跌和經濟不穩定性增加的緣故。根據中國國家統計局公布的官方統計，2024 年 9 月，中國房價自高點以來已

下跌16％。然而,有許多分析指出,實際跌幅可能是20％至30％。即使我們完全相信中國官方的統計數字,相較於一線城市,部分小城市的房價幾乎是腰斬,跌幅相當嚴重。由於中國的家戶持有房屋比率,也就是住宅自有率,在全球範圍內屬於最高水平,所以房價下跌對經濟影響特別大。此外,在中國,購買第一間房時,最高可貸款至房價的85％,購買第二間房時,最高可貸款至房價的75％,這意味著只要房價下跌10％至20％,就會有不少人財富縮水,甚至失去所有財產。

實際上,中國房價從暴漲到暴跌,很大程度上是中國政府的責任。政府長期放任房價上漲,只要房價稍有下跌,就馬上祭出振興政策拯救房市。久而久之,中國人開始深信,只要房價下跌,政府就會出手讓房價再次上升,於是只要有機會,他們就會盡可能地背債買房。過去四十年來,中國的房價除了其中一、兩年經歷過短暫下跌,其餘時間都持

續上漲。當房價上漲,消費會增加,景氣也會變好,但當房價持續下跌,人們則會變得更謹慎,不敢隨意花錢。隨著房價下跌的趨勢持續了超過三年,中國人在經濟高速發展期間所賺的錢,也跟著房價暴跌而逐漸蒸發,導致內需市場不斷萎縮,整個中國的經濟陷入了困境。

有一點我要特別提出來,根據中國的官方統計,中國人的淨資產中有60%為房地產。舉例來說,如果淨資產為1億元,代表其中6,000萬元是房地產。有些專家認為60%是低估的數字,實際可能高達70%。相較於美國或日本的家庭淨資產中,房地產僅占30%至40%,這個數字相當高。然而,有個國家比中國更誇張,那就是韓國。韓國人的淨資產中,有87%為房地產,也就是說,淨資產有10億元的人,其中有8.7億元是房地產。淨資產的定義,是整體資產減去負債後的數字,然而有許多人是背債買房,所以才會出現這樣驚人的數字。在西方媒體

的報導中，中國的房地產投機已達到瘋狂地步，然而韓國比中國更勝一籌，位居全球第一。

讓我們再回到中國的情況，既然中國的內需市場這麼差，經濟成長率應該會大幅下降，為什麼其2024年的經濟成長率仍維持在4.7％呢？第一個原因，是過度生產。目前中國的企業，就算庫存已經爆滿，還是繼續領取政府的補助金，大量生產並堆積更多庫存。這些庫存資產被視為投資，能夠提升GDP。為了堆積庫存而持續生產，在資本主義經濟中是不可能出現的，但是現在的中國擔心失業率上升，因而放任甚至鼓勵企業這麼做。在這樣的情況下，儘管經濟成長率得以維持，企業也會一步步走向虧損。

第二個原因，是透過低價傾銷來擴大出口。即使是中國，也無法不停地累積庫存。中國選擇的策略是將生產過剩的製造業產品，以超低價格出口至海外。在這個過程中，中國企業不僅獲得地方政府

的補助,還能從國有銀行取得低利率貸款,享受各種政策支援。即使低價傾銷會造成虧損,企業仍然將堆積的庫存銷售至海外,確保工廠能持續運轉。換句話說,中國的經濟成長率達4.7%的背後,是由不斷堆積庫存及賤價出口所營造出的假象。一般在這種情況下,其他國家會降低工廠的稼動率,然而中國卻推出了一個完全不同的政策。將過度生產累積的產品以超低價格外銷,正好可以摧毀其他國家的競爭企業,未來就能掌握全球市場。

第三個原因,是過度投資。正常來說,當過度生產時,應該會降低工廠的稼動率,如果這還不夠,通常會進一步停止設備投資。中國卻一樣反其道而行,加速擴大設備投資。鋼鐵、鋁、石油化學、太陽能、LCD、半導體等是中國目前持續擴大設備投資的代表產業。中國過度投資的產業,經常使全球市場陷入困境。2024年,《日經亞洲》曾報導中國的過度生產情況有多嚴重。報導指出,到了2025

年，中國的綠能汽車產能將達 3,600 萬輛，但其國內的綠能汽車市場僅為 1,900 萬輛，相當於過度生產了 1,700 萬輛。2023 年，中國的綠能汽車出口量只有 172 萬輛，就讓歐洲的汽車公司接連陷入經營困難，歐盟的製造業者也被迫進入緊急應對狀態，如果中國再生產 1,700 萬輛並以超低價格外銷，那麼不只是歐洲，全球汽車產業都將受到巨大衝擊，這種影響會演變成什麼局面，令各國相當憂心。

因此，全球為了阻止中國的過度生產與低價傾銷，不斷地提高對中國的貿易壁壘。繼美國對中國製造的電動車徵收 100％的關稅，歐洲與加拿大也表示將對中國製造的電動車分別徵收 46.3％與 100％的關稅。針對中國製造的鋼鐵與鋁，全球主要國家也大幅提高了關稅。除了與中國爭奪霸權的美國，連原先與中國交好的巴西、墨西哥、智利等國家，也加入了提高關稅的行列。甚至連印尼都決定對中國製造的紡織產品、電子產品及鞋子等徵收 100％

至 200％的關稅。印度已透過非關稅壁壘，不只封鎖了中國產品，更禁止了五百多個應用程式。如今，經濟規模較大的國家中，沒有對中國實施關稅壁壘的僅有極少數國家，如韓國與俄羅斯。中國透過低價傾銷，將其他國家的企業逼至絕境，所以現在世界各國都積極採取行動，保護本國產業。

在這樣敏感的時機，中國舉行了 2024 年中國共產黨中央委員會第三次的全體會議（三中全會）。各界原先期待中國政府會提出拯救經濟的特殊對策，但實際上卻沒有什麼新意，引發外界疑慮中國經濟是否已無藥可救。雖然中國的經濟確實處於很嚴峻的情況，然而三中全會並不算是沒有任何成果。我認為中國已經準備好最後的王牌，並試圖藉此實現經濟復甦。而中國為了經濟復甦所鎖定的領域，恰好是韓國具優勢的主要產業。

韓國應該留意中國在三中全會上提出的新產業策略「新質生產力」。這個詞在 2023 年首次出現，

於 2024 年的三中全會上成為正式術語，如今已是中國的官方未來策略。這是一項很重要的變化。中國提出的新質生產力，核心內容是投入龐大資本打造全球生產基地，不再仰賴其他國家的設備。官方策略中也指出具體的領域，包括 IT、AI、航太、新能源、新材料、頂尖設備、生物技術等。這些都是韓國的主力產業，也是韓國出口製造設備至中國的領域。換句話說，若新質生產力策略完成，中國可能就不再需要韓國的半導體設備或製造設備了。

那麼，中國的政策走向會對韓國造成什麼影響呢？從短期來看，這可能會帶來一定的利多。過去，隨著中國經濟成長持續放緩，韓國也跟著陷入經濟下滑的局面。然而，如果中國持續擴大設備投資，提升生產力呢？至少到目前為止，中國的生產設備中仍有許多領域需要來自韓國的中間財。因此，韓國對中國的出口可望暫時恢復。但我們必須記得，中國新質生產力的最終目標，是不再依賴韓國的中

間財。

　　中國的目標是在 2029 年前完成新質生產力發展計畫。中國已經是過度生產的國家,若再投入更多的生產設備,那麼所有與中國競爭的全球企業都將陷入困境。這就是中國的圈套,他們想展開「膽小鬼賽局」(The Game of Chicken)。他們的策略是在所有產業領域過度生產,藉此消滅其他國家的企業,進而拯救本國經濟。先前中國已在太陽能面板與 LCD 產業上嘗試過同樣的手法並且奏效了,我們可以將「新質生產力」視為中國要將過去的成功案例擴大應用至所有產業的訊號。

　　中國雖未必是刻意針對韓國,然而在三中全會上,中國要主力發展的產業與韓國具優勢的產業重疊,以結果來說等同於針對韓國。如同我先前所提到的,中國所瞄準的產業,都是關乎韓國未來發展相當重要的成長動力產業。這意味著韓國的主要產業必須與中國展開膽小鬼賽局。不過,中國與韓國

之間有很大的差異。中國已經放棄房地產，將所有餘力全部投注在發展製造業與機器人技術，相較之下韓國卻沒有什麼產業政策。而且，在這樣的危急狀況下，韓國經濟的餘力主要仍集中在房地產，導致韓國的資金都只流向房地產。

在這種情況下，韓國的企業不僅無法得到政府的支援，甚至還無法取得充足的人力與能源，處於極為艱難的局勢。依產業別來看，半導體領域在未來十年內將面臨 3 萬名人才短缺，生技產業則需要額外補充超過 10.8 萬名專業人員。雲端運算與大數據領域的人才缺口也接近 4 萬人。造船業到 2027 年為止，預計還需要 13.5 萬名人力。

另一方面，能源不足的問題也相當嚴重。想要與全力發展製造業的中國競爭，擁有便宜且豐沛的能源至關重要，然而目前韓國電廠的建設速度實在太慢了。更糟的是，高度依賴電力的先進製造業與數據中心大多數都建在首都圈，但韓國的發電廠主

要分布在南部與東部,這意味著如果沒有穩定的輸電網,這些產業根本無法運作。然而,韓國卻無法及時建設連接首都圈的輸電網,導致即使電廠已經完工,卻因無法輸電而被迫閒置的情況越來越多,韓國的電力危機已經迫在眉睫。簡而言之,必須與中國展開激烈競爭的韓國企業,等於是在沒有武器或軍需物資的情況被推上戰場。如果韓國不能靠出口房地產來維持經濟,那麼政府就應該立即停止將國家資源過度投入房地產,應該優先推動關鍵產業的人才培育與電網建設。

以當前的經濟條件來看,中國的狀況比韓國嚴重好幾倍。然而,中國政府正在嘗試大舉改革政策,將國家資源全部投入出口企業。如此一來,到了2029年,當中國完成新質生產力發展計畫時,韓國的經濟狀況是否還能像現在一樣優於中國,將成為一個極大的未知數。中國為了對抗迎面而來的經濟危機,已經拿出了祕密武器,若韓國以不成熟的政

策應對,很可能會使過去耗費心力建立的製造業基礎全部遭到摧毀。

04 日本試圖引發通貨膨脹，結果卻變得貧窮

近來媒體報導了不少日本經濟復甦的消息。2024年第二季度，日本的年化經濟成長達到3.1％，並且擺脫了通貨緊縮，因此有報導認為日本經濟已經復甦。尤其是2024年的日經指數，睽違35年重新回到1989年的最高點38,915點，以及東京都23區的房價突破33年來最高點，許多報導將這些視為日本經濟恢復的訊號。然而，有一點很奇怪。如果日本經濟真的在復甦，為什麼前首相岸田文雄在任

期尾聲的支持率只有 17％ 呢？為什麼他宣布不競選自民黨總裁，選擇放棄連任並辭去首相職位呢？韓國媒體報導的「岸田文雄帶領日本經濟實現奇蹟復甦」，與日本的政治現狀完全對不上。那麼，日本的經濟現況到底如何呢？

首先，讓我們來看看日經指數。1989 年，日本股市處於超級繁榮期，股價飆升，日本民眾獲益良多。當時，日本證券市場的外資占比不到 10％，國內投資人占絕對優勢。因此，隨著股價飆升，投入日本股市的日本人累積了大量財富。然而，2023 年股市上漲時，情況已經大不相同，外資占比來到 31.8％，創下自 1970 年代以來的新高。日本的中央銀行日本銀行也透過 ETF 投資股市，持股比例約占總市值的 7％。再加上大股東的持股比例，一般民眾所持有的股票占比已經相當稀少。目前，日本個人投資者（散戶）在股市中的持股比例僅為 16.9％。

通常，當股市大幅上漲時，人們會感覺資產增

值，進而帶動消費增加、促進經濟活絡，形成所謂的「財富效應」（Wealth Effect）。然而，無論日本的股價指數如何飆升，這種效應卻無法在日本發生。由於股市繁榮的果實絕大部分集中在外國投資者、日本央行以及少數大股東手中，因此對於不投資股票的絕大多數日本中產階級來說，股市上漲就像在看別人家的宴會，與自己毫無關聯。更糟糕的是，在日本的散戶當中，有許多人都是在日經指數創下歷史新高後才匆忙進場，反而因為股市波動損失大筆錢財。事實上，日本股市上漲很大程度是靠日本央行在支撐。日本央行大規模印鈔，最終只是讓外國投資者獲利，卻沒有讓國內經濟真正受益。

另外，日本的房地產價格上漲也不完全是一件好事。2023 年，日本全國房價平均漲幅為 2.4％。然而在同一時期，東京 23 區新建公寓的價格卻暴漲了 39.4％。事實上，除了東京以外，日本其他地區的房價不是停滯不前，就是持續下跌，然而東京

的房價上漲，卻帶動全國平均房價上漲。房價暴漲的結果，讓少數擁有東京房產的人變得更加富有，但對住在東京的租房族來說，卻因為租金飆升而苦不堪言。更嚴重的是，東京以外的地區完全被房價上漲的趨勢所排除，房地產市場的兩極化越來越嚴重。雖然岸田文雄在執政三年內祭出各種政策推高房價，但這些措施最終只讓東京 23 區的少數房產持有者受益，成為極端偏向特定群體的政策。

日本的經濟成長率也開始出現異常跡象。韓國媒體通常只會在日本經濟成長率較高時大肆報導，讓人誤以為日本的經濟持續在向上成長，然而實際上，日本的經濟成長率出現了前所未見的波動。相較於前一季度，日本 2023 年第二季度的 GDP 季增 1.5％，第三季度卻變成季減 0.8％。2023 年第一季度增長 0.1％，原以為 2024 年第一季度會有所提升，結果卻是季減 0.5％，經濟再次倒退。像日本這樣的成熟先進國家，過去經濟成長率通常較為穩定，現

在卻變得如此波動，是因為支撐日本經濟的內需市場已大幅萎縮，日本經濟現在完全依賴政府支出的變化來推動，導致經濟波動異常劇烈。

韓國媒體報導中的「日本已擺脫通貨緊縮」，其實也存在許多問題。2024 年 8 月，日本的物價上漲率為年增 3％。扣除新鮮食品後的核心消費者物價上漲率為年增 2.7％。近兩年來，物價上漲率達到日本央行的通貨膨脹目標值（為脫離通貨緊縮的物價上升率目標值）2％，因此外界評論開始認為，日本終於脫離了三十多年來的通貨緊縮困境。然而，為了脫離通貨緊縮，日本民眾付出了不小代價。

截至 2024 年 5 月，日本的實質薪資已經連續 26 個月下跌，創下日本歷史上最長的薪資下降紀錄。日本央行持續大規模印鈔，導致物價自三年前開始以 2％左右的速度上漲，但由於薪資長期停滯，導致日本人的實際購買力不斷下降，生活變得越來越艱難。隨著經濟壓力加劇，岸田政府的支持率暴

跌，日本政府才在 2024 年 6 月開始對企業施壓，迫使薪資上調。然而，由於實質薪資已經嚴重下滑，政府的短期干預根本無法讓日本人的實際收入恢復到通膨前的水準。那麼，實質薪資下降會帶來什麼影響呢？當收入減少，自然會減少支出。2024 年 1 月，日本的實質家庭消費支出與去年同期相比下降 6.3％，這個數據引發了市場震驚。隨之而來的影響，便是日本的經濟成長率開始劇烈波動，變得極不穩定。在這種情況下，如果通膨進一步惡化，實質薪資將再次下跌，民眾勢必會進一步縮減開支。

正因如此，日本央行緊急啟動升息。問題是，日本升息與美國降息的時間點重疊，導致日圓套利交易的清算風險增加。2023 年，美國 10 年期國債利率約為 4％，而日本的利率僅為 0.5％。這意味著投資者可以在日本低利率環境下借入日圓，再轉投美國國債，直接賺取 3.5％ 的利差收益，這是一種簡單又幾乎無風險的套利交易。此外，由於日圓持續

貶值，投資者將美元資產兌換回日圓後，收益還能進一步放大。因此，不僅是日本投資者，就連全球對沖基金也紛紛利用日圓低利率借貸，投入美國國債及其他海外債券市場，形成大規模的日圓套利交易潮。

這種投資方式在日圓貶值時，不僅能得到利差收益，還能透過匯率變動獲取額外的匯差利潤，進一步提高投資報酬率。相反地，如果日圓升值，投資者反而會因為匯率損失而遭受虧損。舉個例子，假設投資者在 1 美元兌換 160 日圓時借入日圓，並將資金投入美國市場，獲得 10％的收益。如果這段時間日圓升值 20％，導致匯率從 1 美元兌 160 日圓升至 1 美元兌 128 日圓，當投資者將美元資金兌回日圓時，反而會因為匯率變動而遭受 12％的損失，甚至可能虧損。因此，日圓升值是日圓套利交易最大的不確定風險。如果美國與日本的利差迅速縮小，投資者將進入觀望狀態，而一旦市場風向改

變，可能會在短時間內引發大規模的套利交易清算，導致市場劇烈震盪。

日圓套利交易的規模，以日本的海外投資組合來估算，可能高達 4 兆美元，如果再加上全球對沖基金透過槓桿運作的資金，實際規模可能遠超這個數字，甚至難以估計。根據摩根大通估算，自 2024 年 7 月底日本升息後的一個月內，約有 2,000 億至 2,500 億美元的日圓套利交易資金被清算。光是這個規模的日圓套利交易清算，就已經讓日圓匯率急速上升，並對美國金融市場造成震盪，如果未來更多日圓套利交易遭到清算，有可能帶來更大的市場波動，造成的影響將難以想像。

如果日圓套利交易大規模清算，那麼不只是美國的股市，韓國的股市也可能受到衝擊。在套利交易清算的初期，資金可能會先從美國市場撤資，但最終更有可能從經濟前景較不樂觀的市場撤出更多資金。換句話說，和美國相比，資金更可能加速流

出新興市場或經濟相對脆弱的國家。韓國金融當局表示，截至 2024 年 6 月底，流入韓國的日圓套利交易資金規模僅為 15 兆韓元（約 104 億美元），並且大部分資金已在 8 月清算，不太可能引發重大衝擊。這個說法可能過於樂觀，金融當局統計的日圓套利資金，主要涵蓋短期投機資金，然而還有許多未納入統計的資金，已透過各種間接管道流入市場。因此未來仍可能面清算風險，不能掉以輕心。

那麼，日圓套利交易清算是否只是其他國家的問題，對日本經濟完全沒有影響呢？並非如此。如果日圓套利交易大規模清算，日本經濟勢必會受到嚴重衝擊。日圓套利交易大規模清算的代表例子發生在 2008 年。從 2008 年 9 月至 2009 年 1 月，日圓對美元升值 17％，對歐元升值 27％。這造成日本出口產業遭受重創。2008 年 9 月，日本的單月出口額為 7,360 億日圓，但到了 2009 年 1 月，數字驟降至 3,480 億日圓，短短幾個月內暴跌 53％。相較之

下，韓國同期的出口減少43％，中國的出口僅減少10％。由此可見，在全球經濟衰退的背景下，日圓的急速升值會加劇日本出口萎縮，使日本的出口損失遠超韓國與中國。

這一次，日圓套利交易清算對日本經濟的衝擊可能會比以往更嚴重。過去兩年，日本內需市場大幅萎縮，導致對外國觀光客與出口的依賴度大幅上升。然而，如果日圓套利交易被清算，日圓匯率大幅上升，將直接導致海外遊客減少，並對出口產業造成打擊。因此，不僅是美國等高度依賴日圓套利交易的國家，就連日本也很擔心清算風險。為了防止日圓急速升值，進而引發套利交易清算潮，美國聯準會與日本央行很可能會採取協調行動，共同抑制日圓過快升值，避免市場動盪。

在這種情況下，川普當選可能會加劇全球金融市場的不穩定性。2024年9月，美國聯邦公開市場委員會（FOMC）將基準利率下調了0.5％。如果川

普在當選後發現降息速度放緩，他可能會認為選前降息是出於政治考量，而非經濟因素，因此極可能進一步施壓聯準會加速降息。即使聯準會頂住川普的壓力，持續存在的降息壓力和不確定性，本身就可能加劇全球市場波動。聯準會在 2025 年的降息決策必須極為謹慎，因為它涉及日圓套利交易的清算風險、美國經濟衰退的可能性，以及通膨再起的風險。如果這麼重要的貨幣政策受到政治干預，全球金融市場勢必會變得更加混亂。

第四章

社會：從韓國發展現狀思考未來之路

第四章　社會：從韓國發展現狀思考未來之路

01 最嚴重的能源危機

　　在當前混亂的國際局勢中,能源價格也在劇烈波動。問題在於,韓國的能源進口依存度高達94％,僅次於馬爾他,排名第二。這一數字遠高於日本的83％、義大利的75％和德國的64％。如果能源價格持續波動,韓國將面臨嚴重的能源威脅。如果不提前做好準備,韓國可能會在未來數年內發生嚴重的能源危機。

　　能源僅次於人口,是攸關國家經濟命運的關鍵因素。歐洲就是最具代表性的例子。2022年俄烏

戰爭爆發後，歐洲陷入嚴重的能源危機。戰爭爆發後，能源價格上漲幅度最高的國家是英國、德國、義大利和西班牙等歐洲國家。西班牙的電費上漲了340％，德國的電力批發價格更是飆升了超過十倍。雖然現在能源價格的漲勢放緩，卻也還沒回到戰爭前的水準，這意味著能源危機仍在持續，尚未完全結束。

韓國擁有美國和歐洲等主要先進國家都羨慕的強大製造業基礎，然而無論有多先進的生產設備，如果沒有能源，那一切都毫無用武之地。為了確保便宜且穩定的能源供給，政府和各大企業必須制定長期的能源供應計畫，並以縝密的策略應對。想做到這一點，首先需要正確理解與能源相關的國際局勢，以及全球投資格局的變化。

一直以來，全球幾乎可以說是對便宜能源「上癮」的狀態。1980 年代中期，國際油價曾經突破每桶 40 美元，而 2024 年 9 月的國際油價大約為 70 美

元，四十多年來價格漲幅不到兩倍。當所有物價都在上漲時，能源價格卻長期維持不變，讓人們產生「能源既便宜又隨手可得」的錯覺。事實上，我們生活在一個「礦泉水比石油還貴」的時代。在便利商店，一瓶 500ml 的礦泉水售價約 1,000 韓元（新台幣約 23 元），而一桶（159 公升）原油的價格為 70 美元，換算下來，相當於 500ml 的原油價格只要 290 韓元（新台幣約 7 元），還不到一瓶礦泉水的一半。在俄烏戰爭爆發前，國際油價長期維持在每桶 40 至 50 美元，當時 500ml 的原油價格僅為 190 韓元（新台幣約 4 元）。

那麼，便宜能源的時代能夠持續多久呢？在當前中東局勢緊張、全球各地隨時可能爆發戰爭的局勢下，各國必須嚴陣以待，做好應對能源價格劇烈波動的準備。被稱為「股神」的華倫‧巴菲特（Warren Buffett）早已預見能源市場的不穩定性，並且提前做出準備。巴菲特最有名的投資策略，就

是在油價便宜時買進石油相關股票，接著在油價上漲時賣出，賺取高額價差。2002 年，當國際油價大跌、投資者紛紛拋售持股時，巴菲特卻逆勢抄底，大量買進原油相關股票，並在 2008 年油價大漲時出售持股，獲得龐大回報。

即便最近油價波動劇烈，巴菲特依然持續買進石油公司的股票。2024 年，他減持了超過半數的蘋果股票，卻增持了美國頁岩油巨頭西方石油的股票。當外界詢問他為什麼如此積極投資石油公司時，他並未給出明確答案。但是巴菲特過去為投資雪佛龍提出的解釋，已充分顯示他的態度：「雪佛龍不是邪惡企業，我不會因為投資它而感到愧疚。」巴菲特持續投資石油產業的原因到底是什麼呢？

第一種可能性，是再生能源的轉型可能會延後。歐洲國家對再生能源的態度最為積極，然而隨著歐洲國家經濟惡化，德國開始減少對電動車相關企業的補助，同時縮減針對消費者的優惠政策，導致

2024 上半年電動車的銷售量下滑了 16.4％。這還不是最嚴重的部分，2024 年 8 月，德國的電動車登記數量與去年同期相比減少了 69％。同一時期，歐盟整體的電動車登記數量也減少了 44％，而這與各國政府縮減電動車補助有著密切關聯。

目前，電動車的銷售仍須仰賴政府補助來維持，但是隨著歐洲經濟陷入衰退，各國政府的財政壓力變大，需要投入資金的領域變多，越來越多國家開始削減或取消補助。另外，物價飛漲導致歐洲民眾經濟負擔加重，在生活成本飆升的情況下，人們不確定自己是否有餘力為了環保和地球的未來，購買價格更高的電動車。因此，只有當歐盟各國政府恢復電動車補助，或是電動車價格大幅下降時，情況才有可能改變。

近來美國也開始傳出通膨放緩的消息，但這不代表已經上漲的物價會回到以前的水準。自 2022 年開始的通膨浪潮，已經造成美國物價大幅上漲，並

且 2024 年仍然呈現上升趨勢,只是速度放慢。在這種情況下,拜登政府仍堅持推動電動車普及化,川普則趁勢表態將在當選後廢止電動車普及化相關政策。拜登一直對汽車產業施壓,要求在 2032 年前將電動車銷售占比提升至 67％,川普卻主張廢除這項命令,讓消費者有選擇的自由。結果顯示,川普的政見獲得更多支持。這反映出即使在美國,人們也因為高物價壓力,更加關注個人經濟問題,而非全球環境議題。對許多美國人來說,當前的生計問題比氣候變遷更迫切。

第二種可能性,是頁岩油的產量成長已達極限,全球原油供應很有可能停滯,進一步推動油價上升。美國經濟有很大程度受惠於頁岩油革命,而國際油價能維持穩定,也是因為有美國的頁岩油。問題在於,頁岩油的產量已經觸頂,接下來只會走下坡。根據後碳研究所(Post Carbon Institute)研究員大衛・休斯(David Hughes),以及主力從事石油與大

宗商品投資的公司「戈林與羅森茨瓦格」（Goehring & Rozencwajg）分析，美國已經開採出約一半的頁岩油儲量，預計從 2025 年起，原油產量將不再增長。這主要是因為在俄烏戰爭後，國際油價居高不下，頁岩油生產業者不得不將產能推至極限，盡可能提高原油開採量。這的確在短期內讓全球原油供應量增加，使國際油價維持相對穩定，但同時也導致頁岩油的產量高峰將比預期更早到來。

　　大家可能會認為，只要擴大探勘和增加鑽井數量就能解決問題。這乍看之下似乎是可行的，但這裡存在一個關鍵問題，那就是即使油價上漲，各大石油公司已不再像過去那樣大舉投資了。《金融時報》曾就此發表過一篇頗具啟發性的報導。在 2010 年代初期，當油價突破每桶 100 美元時，各大石油公司爭相投入新油田的勘探與開發，投資額甚至達到獲利的二點五倍。通常，開發一個油田需要 5 年至 7 年時間，而一旦投入生產，就可以在接下來的

20 年至 30 年內持續開採原油。由於十五年前全球石油產業曾進行大規模投資，這才確保至今原油供應未出現嚴重短缺。然而，即便 2022 年至 2023 年間，國際油價一直在每桶 90 美元左右波動，各大石油公司卻僅將獲利的約 50％重新投入勘探與開發，遠低於過去的投資水準。

曾經在 2010 年代積極投資開發油田的石油公司，為什麼不再大舉投資了呢？因為世界各國正在加速再生能源轉型，導致開發新油田的風險增加。現在開始開發油田，也要等七、八年後才能開採原油，若到時再生能源已取代石油，新油田很有可能完全派不上用場。由於風險過於巨大，石油公司自然對開發新油田保持謹慎態度。目前，與其投資新油田，石油公司更傾向將賺來的錢轉為現金儲備，或大幅提高股東分紅。甚至，為了應對未來能源轉型，許多石油公司已開始競相投資再生能源領域，試著提前布局以確保競爭力。

第四章　社會：從韓國發展現狀思考未來之路　223

　　第三種可能性，是全球都在增加軍備。由於戰爭頻發，各國紛紛增加武器生產，導致全球軍工產業快速擴張。武器的生產需要大量能源，而武器並不是生產完就結束了，還需要進行訓練，並且在戰爭中實際運用時，更是高度依賴能源。製造汽車時，人們會優先考慮燃油效率，但軍事裝備的首要目標是取勝，燃油效率並不在優先考量的範圍。例如，德國的豹 2 型戰車，每公升燃油僅能行駛 0.33 公里，而號稱世界最強的美國 M1 艾布蘭主力戰車，每公升燃油僅能行駛 0.22 公里，相當耗油。不僅如此，無論是驅逐艦或戰鬥機，所有軍事武器幾乎都是「吃油怪獸」。因此，當地緣政治緊張度升高，軍事需求增加時，石油的重要性也會跟著攀升。

　　第四種可能性，則是 AI 革命。若 AI 革命依目前的速度發展下去，全球能源消耗量極可能出現爆炸性增長。OpenAI 的創辦人山姆・阿特曼（Sam Altman）也多次強調，AI 革命需要大規模投資電力

供給,以確保系統運作順利。我們甚至可以說,AI 革命的勝敗,將取決於誰能確保更多便宜且乾淨的能源。人類大腦擁有直覺推理能力,而近期備受矚目的大型語言模型(LLM),在進行一次推理時需要檢索數千億至數兆個參數,運算量極為龐大。雖然近來,參數最佳化技術正在逐漸進步,但與人類大腦相比,AI 的運算方式效率仍然低落,需要消耗極大的能源。

因此,外界預測,未來 AI 相關產業、網路與資料中心的能源需求將迎來爆發式成長。國際能源總署(IEA)預估,從 2023 年至 2026 年,AI 與資料中心領域的電力消耗將會增加一倍。美國知名金融公司富國銀行(Wells Fargo)預估,由於 AI 產業的發展,美國的電力需求將從 2023 年的 8TWh,暴增至 2030 年的 652TWh,增加超過八十倍。這主要是因為 AI 搜尋所消耗的電力是傳統搜尋引擎的十倍以上。由於全球正深受極端氣候影響,AI 運算所需的

巨大能源消耗很可能成為公眾批評的焦點，許多 AI 企業擔心被視為「環境破壞的元凶」，因此對自家 AI 模型的能源消耗數據閃爍其詞。然而，AI 運算未來將消耗天文數字般的能源，已經是業界眾所皆知的事實。

從這個層面來看，韓國正處於十分嚴峻的情況。若無法及時確保便宜且乾淨的能源供給，就很可能在 AI 革命中被淘汰。然而目前太陽能相關預算遭到大幅刪減，導致太陽能產業生態系統大幅萎縮。雖然政府宣稱要將能源基礎轉為核能發電，但已經過了快三年，連核電廠的選址都尚未敲定。若要依政府的計畫於 2037 年前啟用大型核電廠，最晚務必要在 2024 年底前確定核電廠選址，而目前已經錯過時機。在全球能源供給不穩的情況下，為了降低韓國對進口石油與天然氣的依賴，無論是太陽能還是核能，政府都應該加快建設腳步，然而目前所有類型的發電廠建設皆受到阻礙，未來幾年內勢必會面臨

電力短缺問題。若想保住關乎國家未來發展的 AI 產業，政府必須盡快制定切實可行的能源供應政策。

另一個問題是，韓國的大型電廠大多建在距離首都圈遙遠的地區。在這種情況下，若要推動大規模半導體投資，就需要將更多電力輸送至首都圈，而這意味著必須額外建設大規模的輸電網路。回顧過去，韓國當年在密陽架設輸電塔時，引發了極大的社會衝突，最終耗時超過六年才完工。這個問題如今依然存在。目前，韓國有超過四座電廠因缺乏輸電網路而被迫減少發電甚至暫停運行。如果情況持續惡化，未來在偏遠地區新建的電廠恐怕全會淪為「蚊子館」，導致嚴重的能源浪費。若不立刻制定並執行涵蓋輸電網路的全面能源供應計畫，韓國勢必會在不久的將來面臨最嚴峻的能源危機。

AI 霸權競爭即將轉變為能源霸權競爭，不久後，能源將成為真正的武器。如果中東地區的緊張局勢升溫、演變成戰爭，能源霸權競爭有可能會進一步

加劇。川普一直強調要為美國人提供便宜能源，因此川普的能源政策將大幅影響全球能源市場，引發劇烈波動。在這種情況下，無法確保穩定能源供應的國家，將難以在國際競爭中生存，最終被淘汰。建設大型電廠與輸電網路需要耗費大量時間，如果韓國在這些關鍵基礎設施的建設上繼續拖延，能源問題將在未來幾年內成為經濟發展的最大阻礙。

02 有史以來最高的國債

這一章我想談談韓國再度創出歷史新高的國家債務。2023年，韓國國債占GDP的比重首次突破50%，這意味著國債增長的速度遠超過GDP增長的速度。[4] 當國債迅速攀升時，光是債務利息就會造成政府財政狀況惡化，進一步削弱經濟活力。此外，這樣的情況也可能對金融市場帶來不小的衝擊，因此必須密切關注。

---

4 編注：根據國際貨幣基金組織，2023年台灣政府債務占GDP比重為26.6%。

首先,我先來解釋國債的定義。韓國政府聲稱,狹義上的國家債務(D1)僅占 GDP 比重的 50.4％,仍屬於健康的範圍內。然而,國際上用於與 GDP 比較的是政府負債(D2),以國際標準計算時,這項比例已超過 55％。除此之外,韓國政府經常將應由國家承擔的財政負擔,轉嫁給韓國電力公社等公營企業,因此若要全面評估國家的財政狀況,應考量包含這些隱性債務在內的「國家總負債」(D4)。[5]

有些主張認為,韓國的國家總負債(D4)占 GDP 的比重已超過 130％,遠高於經濟合作暨發展組織成員國的平均值 109％,情況比想像中更糟糕。儘管韓國目前的債務情況有多嚴重仍存在爭議,然而債務增加的速度確實快到驚人。國際貨幣基金組

---

5 編注:D1、D2、D4 是韓國的債務指標,D1 是國家債務,是最狹義的指標,僅包含中央與地方政府國債。D2 是政府負債,除了 D1 所包含的負債之外,還包含公營企業、公共機構的負債,是國際機構的標準。D4 則是國家總負債,也是最廣義的指標,除了 D1、D2 所包含的負債之外,還包含公營企業的潛在負債。

織也多次發出警告,指出韓國的國家負債正以過快的速度增長,如果不加以控制,國家的經濟很可能會面臨風險。

其實在疫情期間,全球政府為了拯救經濟,紛紛投入了巨額資金,導致財政赤字增加,大部分國家的國債都出現暴增的現象。然而,在疫情過後,各國的財政赤字紛紛開始縮減,但韓國的財政赤字與疫情時相比,幾乎沒有減少。以 2020 年疫情期間的財政赤字占 GDP 比重來看,美國為 -15.3%,英國為 -12.8%,韓國為 -5.8%,相對來說財政赤字較少,然而如下頁的表格所示,在 2022 年以後,三國的財政赤字差距明顯縮小。此外,韓國 2022 年的財政赤字看似僅為 -3.9%,但這其實只是政府透過外匯平準基金填補稅收缺口造成的假象。這種做法實際上是一種財政操作上的權宜之計,而非真正的財政改善。

2020 年後各國財政赤字占 GDP 比重

	2020 年	2021 年	2022 年	2023 年
韓國	-5.8%	-4.4%	-5.2%	-3.9%
美國	-15.3%	-12.4%	-5.4%	-6.3%
英國	-12.8%	-8.1%	-5.3%	-4.2%

資料來源：經濟合作暨發展組織、韓國管理財政收支

　　當然，財政赤字並不總是一件壞事。當經濟不景氣或是面臨金融危機時，政府有時必須擴大財政支出來拯救經濟。如果透過財政赤字釋出的資金能夠幫助經濟復甦，使經濟成長率回升，那政府在經濟危機時所舉的債，將能夠透過增加的稅收來償還，甚至會有盈餘。在這種情況下，財政赤字並不是什麼嚴重的問題。

　　然而，如果政府背負了天文數字的債務，但經濟卻無法復甦，導致國家無力償還這筆債務，那財政赤字無異於將老一輩的痛苦轉嫁給青年世代，只顧自己享受當下的繁榮。

最典型的例子，就是過去三十多年來日本累積的財政赤字。日本政府累積了龐大的財政赤字，但無論日本投入多少資金，經濟卻始終無法輕易復甦，導致國債像滾雪球般不斷變大。然而，隨著未來人口減少，負責還債的世代人口縮減，再加上這些人的收入減少，日本的國債幾乎已成為永遠無法償還的負擔。因此，日本至今仍無法擺脫低成長的泥沼，且一步步淪為全球國債最多的國家。幸好，由於日圓是國際貨幣，即使國債增加，日本仍有一定的承受能力。然而，像韓國這樣國家貨幣並非國際貨幣的國家，一旦國債暴增，立刻就會對國家造成嚴重的問題。

因此，我認為韓國的財政赤字問題相當嚴重。現在不是疫情期間，國家也沒有面臨重大危機，在經濟尚未出現嚴重問題的情況下，卻出現如此龐大的財政赤字，這意味著人口數較多的嬰兒潮世代透過舉債肆意揮霍，再將帳單轉嫁給未來的青年世代。

從韓國的人口結構來看，目前韓國的財政赤字意味著未來每名年輕人將承擔兩名嬰兒潮世代所累積的債務，這種不平衡的負擔將直接威脅青年世代的未來，使這筆國家債務成為一種惡性負債。

財政赤字的另一個問題，是美國聯準會長期維持高利率所帶來的各種負面影響，已經出現在金融市場的各個角落。雖然美國聯準會於2024年9月降低基準利率，但是從2022年3月起持續兩年半的高利率政策，依然對全球經濟造成沉重壓力。特別值得注意的是，即使降低基準利率，長期利率卻未必會同步下降。這是因為市場對通膨依然抱有疑慮，再加上對美國財政赤字擴大與國債供給增加的擔憂，導致即使基準利率下調，長期利率仍然居高不下，從而出現「熊市陡峭化」（Bear Steepening）現象的可能性大幅上升。

在這種情況下，韓國因為長期的稅收不足，財政赤字規模仍未縮減。如果市場利率無法輕易下

降，韓國政府將不得不以更高的利率發行國債。如此一來，最終利息負擔將轉嫁到國民身上，特別是當前的青年世代和未來世代。最終，無法振興經濟的惡性財政赤字，將對未來需要償還利息的青年世代造成沉重的負擔，甚至可能威脅韓國經濟的未來。為了防止這種惡性財政赤字，政治人物應該停止為了迎合民意而推動過度減稅或增加不必要的財政支出。

過去三十年來，日本即使投入了天文數字般的資金，也無法挽救經濟，使國債如雪球般滾大。冒著財政赤字的風險增加財政支出拯救經濟的政策，也許對短期的經濟蕭條或衰退有效，但是對長期的經濟蕭條來說反而是毒藥。

從財政赤字來看，當政府大量投入資金時，經濟應該要在某個時間點復甦，才會達到能償還債務又有盈餘的經濟效果。但在像如今這樣，人口結構本身崩潰且走向長期蕭條的情況下，若持續累積龐

大的財政赤字，人口逐漸減少的未來世代將背負極為沉重的經濟負擔。我們要謹記在心，現在的國家負債，未來可能會造成更大的威脅。

03 持續上漲的房價

近年來,韓國的房價波動情形非常特殊。根據韓國房地產委員會(Korea Real Estate Board)所公布的首爾房地產價格,2024 年 8 月的公寓價格,相較於前一個月,上漲了 1.27％,這是自 2018 年 9 月以來,時隔 71 個月的最大漲幅。同期,在首都圈以外的地區,公寓價格則下跌 0.07％。由於首爾與京畿道的房價上漲速度極快,造成全國平均公寓價格較前一個月上升 0.33％。目前,就算說韓國的房價往兩極化發展也不為過。這種情況與日本岸田政權期

間，日本政府推動房地產刺激政策，導致東京都 23 區房價暴漲的現象極為相似，可見類似的模式也正在韓國上演。

從 2022 年開始至 2023 年上半年，美國聯準會與韓國銀行大幅調升基準利率，使韓國房價面臨大幅修正的壓力。然而，由於政府不斷祭出房市振興政策，放寬許多購屋限制，並推出特別貸款支援措施等，原本下跌的房價又突然反轉回升。過去一段時間，韓國政府為了推動房價上漲，可說是傾盡全力。首先，政府大幅放寬預售屋轉讓限制、取消所有工程款的貸款限制，甚至廢除了購屋中籤者必須處理掉原有房屋的規定。不僅如此，政府進一步放寬房貸抵押貸款限制，使擁有多間房產者能自由貸款買房，等於是全面性地取消了各種房市管制。

韓國政府現在究竟有多看重房地產，有一個代表例子可以說明。2024 年，政府宣布國家進入「人口緊急狀態」，並以刺激生育率為由，推出年利率

最低僅 1％ 的「新生兒特例貸款」，還將可申請低利貸款的門檻，大幅放寬到史無前例的年所得 2.5 億韓元（新台幣約 570 萬元）。政府其實是打著少子化政策的旗號，暗藏振興房市政策。事實上，政府早就透過各種特例貸款政策來拉抬房價，且頗有成效。最典型的例子是 2023 年推出的「特例小宅貸款」，當時市場上釋出了數十兆韓元的資金，讓原本暴跌的房價逆轉上漲。2023 年上半年韓國房屋交易總額的 85 兆韓元（新台幣約 1.9 兆元）中，30％ 都是透過這項貸款完成的。特例小宅貸款推出後，公寓買賣數量增加了一倍，但政府似乎不滿意這個結果，2024 年又推出了新生兒特例貸款。

在韓國，積極拉升房價的不只有政府與執政黨，部分在野黨議員也對提升房價出了一份力。在 2024 年的韓國國會選舉中，在野黨大獲全勝。這一度讓房市陷入緊張，因為在野黨過去曾多次表示要抑制房價，市場擔心在野黨將於贏得選舉後利用立法權，

推出嚴格的房地產限制政策。然而選舉才剛結束,在野黨的代表人物就開始討論降低「綜合房地產稅」。這樣的舉動讓市場意識到,不僅政府與執政黨不想抑制房價,就連在野黨似乎也沒有真正打擊炒房的意願。那麼,這樣的政治操作帶來了什麼結果呢?

如今,市場普遍認為,與其投資不受政治圈關注的股市,還不如投資執政黨與在野黨共同支持的房市。其實,房地產價格上升與股價上升,背後的意義是完全不同的。房地產價格再怎麼上漲,對提升生產力或催生創新產業都沒有幫助。然而,股市的活絡意味著天使投資人可以隨時從股市提取現金,讓新創產業更容易籌措資金。此外,股市繁榮能讓企業間的併購更加活躍,大幅提升經濟效率。就算有這些好處,韓國歷屆政府多半對股市漠不關心,只重視房地產。目前韓國仍處於高成長時代,這樣的政策方向沒有大問題,然而當未來進入低成

長時代,政府若仍執著於房市,韓國經濟的未來將會一片黑暗。由於政治圈只著重於振興房市,導致相較於依靠勞動所得或營業收入賺錢的人,擁有房產的人享有更大的優勢。

因此,當人們一有資金,往往會選擇將所有的錢砸進房地產,甚至貸款貸到極限來投資房地產。這種現象最終導致韓國的內需市場嚴重萎縮,再加上物價飛漲,整體經濟情勢越來越嚴峻。自 2022 年以來,韓國的物價持續上升,收入卻未能同步調漲,導致家庭的實質所得出現下降趨勢。2024 年第一季,韓國的實質所得較去年同期減少 1.6%,創下十八年來的最大跌幅。在這種情況下,消費者只能縮減開支。

然而,並不是不消費家庭的儲蓄就會增加。家庭所得減去一個月的支出後剩下的錢,稱為家庭收支盈餘額。2024 年第二季,家庭收支盈餘額已經連續八季呈現下跌趨勢,月平均為 100.9 萬韓元(新

台幣約 2.3 萬元）。相較於最高點的 2022 年第三季，減少了 12.1％。由於所有人都熱衷於投資房地產，許多家庭背負著大筆房貸，導致利息負擔增加，家庭盈餘大幅縮減。更嚴重的問題是，韓國 2024 年第二季的赤字家庭比重達 23.9％，是三年來的最高值。這意味著韓國每四戶家庭中，就有一戶是入不敷出的狀況。

談到這裡，或許有人會反問：「難道靠房地產賺錢是錯的嗎？」我絕對沒有要貶低個人透過投資房地產獲利的方式。畢竟，想要透過房地產來賺錢，必須不斷地研究，還要承擔許多風險，所以不應將靠房地產賺錢視為不勞而獲。然而，政府所扮演的角色和民眾完全不同。政府有義務為國家的永續發展建立能夠有效分配資金的市場結構。如果經濟結構持續像現在這樣，大多數經濟主體都只靠房地產賺錢，那麼韓國的新創將會消失，成長動能也會惡化。而且，隨著越來越多人的全部財產被房地產套

牢，家庭的可支配所得也會減少，導致韓國的內需市場持續萎縮。

這裡還有一個關鍵問題需要討論。美國聯準會之所以到2024年9月都遲遲無法決定降息，正是因為美國高漲的房價。美國已經成功抑制了大部分物價上漲，但由於房價大幅上漲，導致通膨指數居高不下，使得聯準會無法啟動降息。然而，韓國的房價在2024年下半年仍然急速上漲，通膨率卻已降至1%左右。這是怎麼一回事呢？這是因為在韓國的物價指數中，房價的權重太低了。韓國的物價統計甚至直接排除房價。房價對生活影響如此重大，但在物價指數中卻完全不計入，這實在令人難以理解。雖然租金被納入物價統計，但在物價指數中的占比僅9.8%，影響極為有限。其他國家的情況如何呢？在美國，房價在物價指數中的比重高達32%，而在英國，房價在物價指數中的比重也高達26%。因此，當房價上升時，物價指數也會隨之上升，導致如果

房價不受控制,央行就難以降息。

問題是,政府透過人為的房市振興政策所拉高的房價,究竟能撐到何時呢?韓國房地產市場的最大弱點,無疑是人口結構。在韓國,1964 年至 1974 年出生的人被稱為「第二次嬰兒潮世代」,這個世代的人口達 954 萬人,占總人口五分之一。他們將從 2025 年開始進入退休階段,但是接下來的青年世代人口規模明顯縮小,恐怕無法再支撐房地產市場。

第二次嬰兒潮世代退休將帶來多大的影響呢?最直接的例證,就是韓國國民年金保險費的收支狀況。如果不進行年金改革,從 2027 年起,國民年金的保險費收支將轉為赤字。換句話說,屆時繳納保險費的勞動人口所繳金額,將低於需要支付給退休者的年金金額。雖然目前國民年金基金仍有累積的投資收益,因此尚未進入赤字狀態,但從 2027 年開始,國民年金將不得不開始出售持有的資產來填補財政缺口。政府近期急於推動提高保險費的國民年

金改革方案，正是為了避免大規模出售國民年金資產所帶來的衝擊。這意味著到了 2027 年，韓國經濟的核心將從勞動人口轉變為退休人口，經濟活力將開始明顯減弱。

在這樣急迫的情況下，如果韓國仍執意將經濟資源全數投入房地產，或許能勉強將房價推高。但這種人為炒高房價的代價，將使低生育率問題進一步惡化，家庭可支配收入也將降至歷史最糟糕的水平。再加上 2025 年起，川普重新就任美國總統也將影響全球經濟，如果川普 2.0 時代的政策造成美國財政赤字惡化，通膨捲土重來，那麼不管美國聯準會再怎麼降息，長期市場利率仍可能持續上升。這樣一來，由房貸勉強推高的房價，恐怕將成為韓國經濟的致命毒藥。

04 選擇「躺平」的年輕人

根據 2024 年 9 月韓國統計廳發布的數據，有多達 46 萬名 15 歲至 29 歲的年輕人，處於不工作、不求職、「純休息」的狀態。2023 年 6 月，調查數字尚停留在 39 萬人，但 2024 年 6 月卻增至 43 萬人，8 月更進一步攀升至 46 萬人，呈現急速增長趨勢。這項統計數據最早發布於 2003 年 1 月，當時僅有 20.5 萬年輕人處於這種狀態。然而，與二十一年前相比，年輕人口幾乎已減少一半，「純休息」狀態的年輕人卻增加了一倍以上。

那麼,「純休息」狀態的年輕人為什麼會迅速增加呢?政府的解釋是,大企業比起公開招聘,更傾向於隨時招募有經驗的員工。然而,許多年輕人連第一份工作都還沒找到,自然不可能有任何工作經驗,導致就業環境變得更加惡劣。年輕人希望進入穩定的大企業擔任正職員工,但企業本身並不積極聘用沒有經驗的年輕求職者,進一步加劇了就業困難。根據韓國統計廳 2023 年 11 月的調查結果,有 32.5％的年輕人表示,沒有工作的原因是很難找到理想的工作。

在韓國,正職與一年以上長期契約職統稱為「正職工作」。近來,年輕人的正職工作就業人數出現了十年來的最大減幅。根據韓國統計廳的僱用動向調查,2024 年 6 月,青年世代的正職就業人數年減 19 萬人。疫情期間,青年世代正職就業人數也曾大幅下降,減少了 10.6 萬人;然而同一時期,韓國整體的正職就業人數卻增加了 7.5 萬人;也就是說,

正職就業人數明明是增加的,但青年世代的正職就業人數卻大幅減少。

談到年輕人找不到正職工作而陷入困境時,或許有人會認為只要降低標準,先從契約職或兼職人員開始就行了,但年輕人無法輕易選擇非正職工作是有原因的。近年來,正職與非正職的薪資差距持續增加,並且已經連續六年呈現擴大趨勢。2017年,正職與非正職工作的薪資差距為 128 萬韓元(新台幣約 2.9 萬元),而如今已擴大至 166 萬韓元(新台幣約 3.8 萬元)。那麼,即使薪資較低,是否可以先透過非正職累積經驗,再轉換為正職呢?實際上,這並不是那麼簡單的事情,因為這其中還有更深層的問題。

現實情況是,如果第一份工作從非正職開始,往往很難擺脫這種狀態。如果職涯起點是非正職工作,那麼有 63% 的機率會一直停留在非正職狀態。那麼,剩下的 37% 是否都能順利轉為正職呢?並

非如此。在這當中,有超過20%的人會變成「無職者」,直接脫離勞動市場,有約4%的人會選擇從事自營業或無薪工作。真正能從非正職成功轉為正職的人,僅有12.8%。在這樣的狀況下,要讓年輕人「先從非正職開始做起」並不容易。

那為什麼只有年輕人的正職工作機會大幅減少呢?最主要的原因是韓國企業的海外投資正在急速增加。韓國的大企業現在比起國內,更傾向於擴大海外投資,尤其是在美國的投資成長速度驚人。若觀察直接投資占比較高的產業,包括電池、記憶體半導體、鋼鐵、製藥、汽車等,這些都是年輕人最嚮往的就業領域。根據美國非營利組織「製造業回流倡議」(Reshoring Initiative)統計,2023年上半年因為海外企業直接投資而在美國創造的工作機會中,韓國企業占17%,排名第一,英國占15%,德國占11%,中國與日本則各占9%。這意味著韓國大企業在美國創造的就業機會,甚至比在韓國還要

多。這種海外投資增加對已經擁有正職工作的老一輩來說，並不會帶來直接衝擊，因為企業只是不再於韓國設立新工廠，並不是關閉現有工廠，原本的正職工作依然存在。然而對年輕人來說，新設職缺大幅減少代表就業機會銳減。面對如此嚴峻的局勢，政府應該積極推動政策改革，想辦法吸引企業增加對本國的投資，但至今政府尚未提出任何具體措施。

　　許多人認為韓國企業外移至美國的原因是韓國的工會過於強勢，然而，若說企業因為工會問題而選擇前往美國，這樣的論點並不合理，因為美國的工會勢力同樣相當強大。2023年，美國全國汽車工人聯合會（UAW）發起了大規模罷工，最終迫使通用汽車和福特等美國汽車企業在未來四年內接受工會的要求，為最高薪資員工提供高達33％的調薪，為新進員工提供最高70％的調薪。另外，如同第一章提過的，亞利桑那州的工會勢力強大到甚至能阻止台積電總公司的員工獲得簽證。從各方證據來看，

很難得出韓國企業是因為工會的原因而選擇赴美投資的結論。

那麼,韓國企業選擇轉向美國的真正原因是什麼呢?其中一個重要原因是,與美國相比,韓國政府的國內投資獎勵措施過於薄弱。更荒謬的是,政府甚至會將韓國企業的海外投資包裝成總統出訪海外的外交成果。像是「總統出訪美國,促成 10 兆韓元對美新投資」這樣的報導相信大家都不陌生。在這種情況下,政府根本沒有理由積極推動國內投資獎勵措施,因為企業對美國的投資越多,反而越能成為總統的政績,政府根本沒有動機去制定政策。

另一個原因,則是韓國的內需市場正在快速萎縮。韓國家庭的平均淨資產中,有 87％是房地產,退休世代的這個比例更高,接近 90％。因此,退休世代雖然看似擁有大量資產,但幾乎全都換成了房地產,退休後根本沒有多少可用的現金。再加上青年世代的人數大幅減少,而且無法像上一代那樣擁

有理想的工作，因此無法像老一輩那樣消費。像這樣，退休世代因為資產被鎖定在房地產而無法消費，青年世代則因收入低且不穩定性太高，根本無力消費。在這樣的結構性問題下，韓國的內需市場持續萎縮，韓國企業不得不轉向海外市場尋找成長機會，最終形成惡性循環。

由於上述各種原因，韓國企業選擇投資美國或其他海外市場的情況變得越來越普遍。如果國內持續無法新增工廠，青年世代的正式職缺也會繼續減少，最終導致越來越多找不到工作的年輕人乾脆放棄求職，甚至退出勞動市場。這不只會對年輕人造成影響，也將為整個韓國經濟帶來巨大衝擊。當處於該累積經驗的年輕人選擇放棄求職，代表提升生產力的機會消失，最終會導致韓國整體生產力惡化。在年輕人口已大幅減少的情況下，若連核心勞動力的生產力都無法維持，韓國的未來將更加黯淡。

2024 年 9 月，韓國官方所公布的失業率僅為

2.4％，僅次於新加坡，為全球第二低。相比之下，日本的失業率為 2.5％，英國為 4.1％，德國則為 6％。[6] 然而，這裡卻出現了一個矛盾的現象，雖然韓國的失業率較低，但是就業率僅為 69.2％，低於經濟合作暨發展組織的平均水準 70.1％。相比之下，失業率高於韓國的日本就業率達 78.9％，德國為 77.4％，英國則為 74.8％。

由於沒有進行求職活動，「純休息」狀態的年輕人根本不會被計入失業人口，自然也不會被納入失業率統計，導致當越來越多年輕人選擇放棄求職時，失業率反而會變得越來越低，產生統計上的錯覺。這種扭曲的失業率統計，使政府低估了年輕人不就業的嚴重性，進而削弱了解決該問題的政策意願。然而，如果放任狀況繼續惡化，韓國將逐漸喪失經濟成長動能。政府必須立刻採取積極措施，想

---

6 編注：根據台灣行政院主計處的數據，2024 年 9 月台灣的失業率為 3.43％。

辦法吸引遷往海外的企業回流,並加大對年輕人的就業與職業培訓投資,才能改變韓國經濟的未來。

05 復甦之路在哪裡？

2024年第二季，韓國的經濟成長率為 -0.2％，呈現負成長。其中，設備投資和建設投資分別為 -2.1％ 和 -1.1％，消費則為 -0.2％，充分顯示了韓國內需市場如今的困境。甚至連淨出口也出現了負值。唯一支撐經濟成長的是政府支出，增加了 0.7％。由於民間部門幾乎全軍覆沒，政府只能靠大規模財政支出盡可能避免經濟惡化。然而，政府支出不是免費的，其後果是稅收赤字創下歷史新高。也就是說，政府只是透過舉債勉強維持經濟成長率。

令人擔憂的是，韓國將面臨的經濟前景並不樂觀。根據韓國央行的預測，如果韓國的人口結構和生產力維持當前水準，那到了 2040 年以後，經濟將陷入長期的負成長。在這樣的情況下，越來越多人開始擔憂韓國經濟高峰已過，即將開始走向衰退。

如果韓國像現在一樣什麼都不做，衰退幾乎是無法避免的。韓國人口減少速度已達到歷史上罕見的水準。中世紀歐洲爆發黑死病後，人口經歷兩世紀才恢復至原有水準，而韓國甚至連「未來人口能夠恢復」的希望都不存在。到目前為止，生育率急速下降的國家，大多已經進入停滯或負成長狀態。目前韓國低迷的生育率問題相當嚴重，很難預測未來會對韓國經濟造成多大的打擊。

為了阻止經濟走向衰退，應該先做什麼呢？當然，提高生育率是根本的解決之道，但這是需要時間、必須長期推動的事情。眼前最急迫的問題，是要恢復加速崩壞的創新生態系統。韓國必須選定未

來的主要產業，如半導體、AI、生物技術、機器人技術等關鍵戰略產業，並大幅提高國家研發預算，建立尖端產業生態系統，將資源毫不保留地投入。尤其是隨著年輕人的資源大幅減少，迫切需要進行大規模的教育創新，把握住所有珍貴的青年世代。如果這些人能夠百分之百發揮各自的能力，成為引領尖端產業的創新人才，將能在某種程度上抵消生育率下降的影響。更重要的是，如果能夠建立一個讓年輕人充分發揮自己能力的創新生態系統，年輕人的收入將會恢復過去的水準，連帶地生育率也會回升。

這樣說可能顯得過於抽象，因此我們來看一個具體的例子。我們都知道 AI 產業的重要性，但韓國在這場 AI 革命中已經落後了。首先，韓國企業對 AI 的投資，與美國科技巨頭相比，顯得相當微不足道。再者，雖然韓國有十多家企業宣布要投入 AI 研發，卻有很多投資項目是重複的。實際上，即使

這些企業聯合起來進行更有效率的投資，恐怕也難以與美國科技巨頭抗衡。如果這些企業繼續各自進行小規模、重複的投資，韓國終將在 AI 革命中徹底被淘汰。

想要建構開發 AI 模型所需的運算能力，必須投入大量的資金，因此即便是美國頂尖 AI 企業 OpenAI，也得仰賴其合作夥伴微軟提供運算資源。微軟甚至以市價三分之一的價格，為 OpenAI 提供數據中心服務，使其得以保持競爭力，並持續推出新版本的 AI 模型。截至 2024 年 9 月，微軟的市值已達 4,200 兆韓元（新台幣約 96 兆元），幾乎是韓國 KOSPI 指數總市值的兩倍。有這樣的企業在背後支持，韓國企業根本無法與之競爭。在這樣的劣勢下還落後一步的韓國企業，光是想跟上美國的 AI 革命就不容易了。

為了解決這個問題，韓國需要重拾當初發展半導體產業時的智慧。1982 年，當時還是半導體荒漠

的韓國，公布了半導體長期發展計畫。在國家研究機構韓國電子通信研究院（ETRI）主導下，網羅了三星電子、金星社（現為 LG 電子）、現代電子（現為 SK 海力士）、亞南產業等企業，以及包括首爾大學在內的多家研究機構，共同開發半導體技術。正是這種全面的產學研合作，韓國才得以成為半導體強國。現在韓國的 AI 產業就像 1982 年落後的半導體產業一樣，所以政府需要網羅產業界、學術界以及政府機構，建立強大的合作系統及 AI 生態系統。政府必須選出可共享的 AI 基礎技術並進行共同開發，以防止 AI 的研發過度分散且碎片化。為了達到這個目標，眼前最重要的是大幅加強國家 AI 運算中心，並建立起能夠有效利用此系統的合理制度。

最重要的是，必須在數據戰爭中獲勝。到目前為止，AI 等同於運算能力與演算法之爭。然而隨著時間推移，數據的重要性將越來越突出，因此，必須在即將到來的數據戰爭中尋找逆轉機會。為此，

韓國必須建立 AI 數據相關制度，確保在有效率地收集數據的同時，保護個人隱私與企業的智慧財產權。此外，韓國企業之間必須建立數據共享的緊密合作體系，而促成這種市場環境，正是政府應該承擔的責任。

如果韓國能在 AI 革命中領先，將有助於在一定程度上緩解嚴重的人口減少問題。由於想推動這場革命，最為關鍵的因素是「人才」，因此必須提供足夠的研發預算，以確保優秀的研究人才願意留在國內，讓 AI 產業生態系統在國內生根發展。更重要的是，必須建立緊密連結的研究環境，促進 AI 順利與機器人技術、生物技術等其他產業融合。然而，目前韓國的研究環境仍然高度分散，各領域之間缺乏合作。面對這種情況，政府應該打造出整合與融合的研究環境，使各領域能夠互相連結，共同推動 AI 產業發展。

在 AI 革命中尋找逆轉機會的方案，只是無數可

能性中的一小部分。如果能夠認真思考未來，就能在所有領域中找到重新崛起的機會。為了達到這一點，政府和政治圈的角色非常重要。韓國的國家經濟體系已經達到巔峰，並正逐步走向下坡。如果政府和政治圈只為了眼前的政治利益，反覆將國家資源投入到如房地產這般與提升國家競爭力無關的領域，就會失去拯救經濟的最後一絲機會。值得慶幸的是，韓國仍然擁有潛力，如果從現在開始，真正為國家發展努力的人，能夠認真思考青年世代的未來，甚至是我們所有人的未來，那麼韓國依然擁有無限機會。

高寶書版集團
gobooks.com.tw

RI 399
川普 2.0 時代：全球貿易戰、霸權競爭、地緣衝突，如何在經濟動盪的亂局中找到機會？
트럼프 2.0 시대：글로벌 대격변 시작된다

作　　者	朴鐘勳（Jong-Hoon Park）
譯　　者	金學民、顏崇安
編　　輯	林子鈺
封面設計	林政嘉
內頁排版	賴姵均
企　　劃	陳玟璇
版　　權	張莎凌
發 行 人	朱凱蕾
出　　版	英屬維京群島商高寶國際有限公司台灣分公司
	Global Group Holdings, Ltd.
地　　址	台北市內湖區洲子街 88 號 3 樓
網　　址	gobooks.com.tw
電　　話	（02）27992788
電　　郵	readers@gobooks.com.tw（讀者服務部）
傳　　真	出版部（02）27990909　行銷部（02）27993088
郵政劃撥	19394552
戶　　名	英屬維京群島商高寶國際有限公司台灣分公司
發　　行	英屬維京群島商高寶國際有限公司台灣分公司
法律顧問	永然聯合法律事務所
初版日期	2025 年 03 月

트럼프 2.0 시대：글로벌 대격변 시작된다
Copyright ⓒ 2024 by Jong-Hoon Park
Published by arrangement with Jisik Economy.
All rights reserved
Taiwan mandarin translation copyright ⓒ 2025 by GLOBAL GROUP HOLDING LTD.
Taiwan mandarin translation rights arranged with Jisik Economy.
through M.J. Agency.

國家圖書館出版品預行編目（CIP）資料

川普 2.0 時代：全球貿易戰、霸權競爭，如何在經濟動盪的亂局中找到機會？／朴鐘勳著；金學民，顏崇安譯 . -- 初版 . -- 臺北市：英屬維京群島商高寶國際有限公司臺灣分公司, 2025.03
　　　面；　　公分 . --（致富館；RI 399）

譯自：트럼프 2.0 시대：글로벌 대격변 시작된다

ISBN 978-626-402-212-5(平裝)

1.CST: 未來衝擊　2.CST: 國際政治　3.CST: 國際經濟

541.49　　　　　　　　　　　　114002129

凡本著作任何圖片、文字及其他內容，
未經本公司同意授權者，
均不得擅自重製、仿製或以其他方法加以侵害，
如一經查獲，必定追究到底，絕不寬貸。
版權所有　翻印必究